Marcel Proust im Garten des Splendide Hôtel, vermutlich 1903 oder 1905.

MARCEL PROUST AM GENFER SEE

Von Jürgen Ritte

Mit zahlreichen Abbildungen

INSEL VERLAG

Insel-Bücherei Nr. 1511

INHALT

EINLEITUNG

»Les années Evian« – Marcel Proust am Genfer See

A la Recherche du temps perdu – Marcel Prousts monumentaler Roman vom Anfang des letzten Jahrhunderts lädt auf Tausenden von Seiten ein zu einer Reise durch die Zeit. Erstaunlich eng bemessen ist hingegen der Raum, durch den die Leser den Erzähler Marcel begleiten, der denn auch, am Ende seiner Suche angelangt, auf der letzten Seite der *Wiedergefundenen Zeit* festhält, dass den Menschen, die sich wie Riesenwesen in der Dimension der Zeit ausnehmen, nur wenig Platz im Raum zugebilligt sei. Diese Beschränkung findet ihren Niederschlag in der Topographie des Romans.

Die Landkarte der *Recherche* verzeichnet nur wenige Orte. Sie beschränkt sich auf das fiktive Combray der Kindheit (in das Elemente des damals noch ländlich anmutenden Pariser Stadtteils Auteuil mit dem Haus des Großonkels Louis Weil ebenso eingegangen sind wie Erinnerungen an Haus und Garten der Familie väterlicherseits im landwirtschaftlichen, wenig spektakulären Dorf Illiers am Rande der schier endlosen Ebene der Beauce), das nicht weniger fiktive Seebad Balbec an der normannischen Küste, das u. a. Schauplatz für die *Jeunes filles en fleurs* ist (hinter dem man Prousts Aufenthalte in Dieppe, Trouville und Cabourg ausmachen mag), und das ganz konkrete Paris. Dazu ein Abstecher nach Venedig und ein anderer in die – jetzt wieder fiktive – Garnisonsstadt Doncières. Und so mangelt es nicht an Büchern und Führern auf Prousts Spuren durch Paris oder Cabourg und die normannischen Seebäder.[1] Und in Illiers, das seit 1971, seit Prousts 100. Geburtstag, Illiers-Combray heißt und unter Denkmalschutz steht, kann man das Haus der Tante Léonie besichtigen und sich im Garten des gut gepflegten Pré Catelan des Onkels Jules Amiot ergehen.

Evian und der Genfer See hingegen spielen in der *Recherche* keine Rolle, während sich das Seebad Cabourg als *der* Proust'sche Ort par excellence etablieren konnte, obwohl Proust wahrscheinlich nicht häufiger im dortigen Grand Hôtel weilte als in Evian.

Dass Proust, entgegen der Vorstellung vom im Korkzimmer eingeschlossenen Kranken, zahlreiche Orte inner- und außerhalb Frankreichs bereist hat (die pikardischen Städte Amiens, Laon; die holländischen Städte Amsterdam, Delft, Rotterdam; Ostende; die Bretagne und Belle-Île; die Normandie; und einige Orte mehr), kann man leicht übersehen, wenn man nur auf die *Recherche* schaut. Und genauso leicht wird übersehen, dass diese Orte für Proust auch Schreiborte waren, die auf vielfach vermittelte Weise Eingang in sein Werk gefunden haben. Luzius Keller hat vor mehreren Jahren mit seiner sehr lesenswerten Enquête über *Proust im Engadin*[2] nicht nur einen wertvollen Beitrag zur Biographie geleistet, er hat auch – über den Umweg Sankt Moritz – überraschende Einblicke in Marcel Prousts Jugendwerk ermöglicht.

Von Sankt Moritz aus, wo Proust sich, wie Keller detailliert nachzeichnet, im August 1893 nach bestandenem Jura-Lizenziat drei Wochen lang aufgehalten hat, fuhr Proust erstmals, nach kurzem Zwischenhalt in Luzern, für eine Woche nach Evian am französischen Ufer des Genfer Sees. Von dort aus ging es dann gleich weiter nach Trouville, wo er mit seiner Mutter den September verbrachte. Erst sechs Jahre später, im September / Oktober 1899, wird Proust wieder nach Evian zurückkehren, für längere Zeit (sechs Wochen), und dort ein recht intensives gesellschaftliches Leben pflegen. Von Montreux, Territet und Vevey bis Lausanne und Coppet auf dem Schweizer Ufer, von Evian, Amphion, Thonon bis Sciez auf der französischen Seite trifft sich rund um den Lac Léman, den Proust stets, wie die Deutschen, »Lac de Genève« nennt, die gute Pariser Gesellschaft, die dort, wie etwa die Bartholoni, die Chevilly oder die ebenfalls mit Proust befreundete Familie Bassaraba de Brancovan, über gastfreie Villen, Schlösser, Burgen gebieten und sich den Freuden und Wohltaten der damals sehr *en vogue* stehenden Thermalkuren unterziehen. Auch Prousts Vater Adrien, der hochdekorierte Professor für medizinische Hygiene und Gesundheitspolitiker, ist ein

»Thermalist« und hat seine Frau und seine Söhne Marcel und Robert schon in früheren Jahren in Thermalbäder verschickt, so etwa 1885 ins südfranzösische Salies-de-Béarn. Und noch 1896 hatte Proust seine Mutter zur Kur nach Mont-Dore in der Auvergne begleitet sowie ein Jahr später (und ein Jahr zuvor) nach Bad Kreuznach. Sich selbst verschrieb Prof. Dr. Adrien Proust im Sommer 1900 eine Kur in Evian nach einer Nierensteinoperation (und gleichzeitig seiner Frau, die, wie womöglich falsch diagnostiziert wurde, immer wieder an »Rheuma« litt, fünf Jahre später allerdings an einem Nierenleiden sterben sollte).

Ist Prousts erster längerer Evian-Aufenthalt im Jahre 1899 bestens dokumentiert in nicht weniger als achtzehn Briefen an die Mutter (zwischen dem 10. September und dem 4. Oktober), so war bis vor kurzem nicht bekannt, dass Proust auch in den Jahren 1900 (vielleicht auf dem Weg zu seinem zweiten, bis heute höchst mysteriösen Venedig-Aufenthalt im Herbst[3]) und 1901 (möglicherweise zu zwei Kurzaufenthalten) an den See zurückkehrte[4], an dem er mit Clément de Maugny und Pierre de Chevilly gute Freunde hatte und wo er in dem burgartigen Schloss von La Coudrée der Familie Bartholoni verkehrte, deren Tochter gegenüber, der schönen »Kiki«, Proust den Verliebten gab.[5] Im Sommer 1902 fühlte Proust sich offenbar zu krank, um zu verreisen, doch gehen wehmütige Gedanken nach Evian, wo die Eltern kuren: Er gehe häufig ins Restaurant, schreibt er am 18. August an seine Mutter, das sei »[s]ein

Evian, [s]eine Luftveränderung, [s]eine Sommerfrische, da [er] ja sonst keine habe«[6]. Doch zog es Proust 1903 wieder nach Evian, ins inzwischen angestammte (und heute abgerissene) Splendide Hôtel, von wo aus er eine Exkursion nach Chamonix und auf Eselsrücken hoch nach Montenvers im Montblanc-Massiv unternahm, um den – damals noch imposanten – Gletscher des »mer de glace«, des »Meeres aus Eis« zu bestaunen. Ein letztes Mal fuhr Proust am 6. oder 7. September 1905 mit seiner Mutter nach Evian, die sich von den dortigen Thermalquellen Heilung von ihrem Nierenleiden versprach. Es war indes zu spät, sie erkrankte wenige Tage nach der Ankunft im Hotel an Urämie, Prousts Bruder Robert, auch er zu diesem Zeitpunkt schon ein angesehener und aufstrebender junger Arzt, eilte nach Evian, um sie nach Paris zurückzubegleiten. Doch die schon stark Geschwächte verstarb am 26. September in Paris. Für Marcel Proust war das, nach dem Tode des Vaters am 26. November 1903, der zweite tiefe und diesmal radikale Einschnitt in seinem Leben. Anfang Dezember begibt er sich für sieben Wochen in Doktor Solliers Privatsanatorium in Boulogne-sur-Seine. Wie schon nach dem Tod von Adrien Proust korrespondiert Proust auf Jahre hinaus nur noch auf »grand deuil«-Papier, d. h. Halbbögen mit breitem schwarzem Trauerrand. Nach Evian kehrte Proust nie wieder zurück.

Wie stark der Eindruck vom Zusammenbruch der Mutter war, die im Splendide Hôtel fast keine Nahrung mehr zu sich nahm und nur gestützt vom Personal die Treppen in den Speisesaal hinabsteigen konnte, zeigt noch Jahre später ein kurzer Eintrag ins sogenannte »Carnet 1«, das zuweilen als Keimzelle der *Recherche* angesehen wird. Die Notiz ist datiert, sie stammt vom 18. Juli 1908, kurz nach Prousts Ankunft in Cabourg: »Mama auf der Reise wiederbegegnet, Ankunft in Cabourg, dasselbe Zimmer wie in Evian, der quadratische Spiegel!«[7] Der Gebrauch des, wie Nathalie Mauriac-Dyer anmerkt, bei Proust so seltenen Ausrufezeichens verrät etwas von dem emotionalen Druck, der sich durch die plötzliche Erinnerung, hervorgerufen durch die Ähnlichkeit der Hotelzimmer und der quadratischen Spiegel, entlädt. Diese Notiz verrät aber auch, wie sehr sich bei Proust, lange Jahre nach den verhältnismäßig unbeschwerten Sommern am Genfer See, die Landschaften in der Normandie und in Savoyen überlagern. Und nicht nur die Landschaften. In einer Skizze zu *Le Temps retrouvé* findet man folgenden Satz: »Es war nicht in jenen fernen Jahren in Combray, sondern in jenen kürzer zurückliegenden Jahren in Balbec (damals, Evian einsetzen [zwei unleserliche Wörter] Erzherzog), dass der erste Präsident uns versichert hatte, dass das Problem der Luftfahrt unlösbar sei …«. Der große Proustbiograph und -herausgeber Jean-Yves Tadié sieht hier, ganz zu Recht, den Beweis dafür, dass der Aufenthalt im Splendide 1899 (und man könnte die folgenden Jahre hinzufügen) Proust einige Züge zur Zeichnung der Badegesellschaft im Grand Hôtel von Balbec geliefert hat.

Aber es sind nicht nur diese philologischen Quisquilien von Interesse, wenn man die Entwicklung von Prousts Werk vor dem Hintergrund jener Phase um 1900 liest, die man mit gutem Recht »les années Evian« nennen könnte. Proust hat in den Jahren zwischen dem ersten und kurzen Aufenthalt in Evian 1893 und dem letzten, ebenfalls kurzen – oder eher verkürzten – Aufenthalt 1905 enorm viel geschrieben. Entgegen einem sich hartnäckig haltenden Bild vom jungen Müßiggänger und Snob war Proust stets ein fleißiger Schreiber – und Publizist. Stand das Jahr 1893 nach der Rückkehr aus Sankt Moritz und dem abgebrochenen Versuch, mit den Freunden Louis de la Salle, Fernand Gregh und Daniel Halévy einen vierhändigen Briefroman zu schreiben, noch ganz im Zeichen der 1896 erschienenen Sammlung *Les Plaisirs et les jours* (aus deren Umfeld im Jahre 2019 weitere Texte und Fragmente aufgetaucht sind[8]), so stehen die Jahre 1899 bis 1905 ganz eindeutig im Zeichen der Entdeckung (und Übersetzung) John Ruskins und des langsamen Abbruchs des großen Romanversuchs *Jean Santeuil*. Daneben entfaltet Proust in jenen Jahren, teilweise unter Pseudonym, rege journalistische (seine »Salons« für den *Figaro*) und essayistische Aktivitäten. Einige dieser Texte sind in Evian entstanden.

Wie die erzählerischen Fragmente zum *Jean Santeuil*, wie auch einzelne Passagen aus seiner Korrespondenz, enthalten und variieren sie Motive, Metaphern, Themen – unter anderem erstmals das der »mémoire involontaire« –, die Proust in die *Recherche* einfließen lassen wird. Evian und die Landschaft am Genfer See sind in gewisser Weise das erste Cabourg, die ersten Vorlagen für Balbec. Davon soll, unter anderem, hier die Rede sein.

Die Zäsur 1905 ist auch eine Zäsur im Werk Marcel Prousts. Sein Freund Constantin de Brancovan publiziert am 15. Juni 1905 in seiner Zeitschrift *La Renaissance latine* Prousts Vorwort »Sur la lecture«, das im Jahr darauf mit Prousts zweiter Ruskinübersetzung *Sésame et les lys* im Verlag des Mercure de France erscheinen wird. Mit dem Vorwort und vor allem mit seinen ausführlichen, Ruskin oftmals widersprechenden Anmerkungen schließt sich für Proust der Kreis der »années Ruskin«, der Jahre der intensiven Beschäftigung mit dem englischen Kunsttheoretiker und Sozialreformer, die 1899 von Evian aus ihren Anfang genommen hatten. Mit Ruskin im Kopf hatte Proust das nahe Montblanc-Massiv besichtigt, von anderen Bergtouren geträumt und sich im Jahre 1900 zweimal nach Venedig begeben (dabei wohl einmal, wie gesagt, mit Zwischenhalt in Evian). Das Vorwort »Sur la lecture« markiert auch, mit teilweise signifikanten Streichungen und Varianten im ersten Entwurf – so verschwindet beispielsweise der »Monsieur Jean« aus dem Manuskript, der noch an das endgültig abgebrochene Romanprojekt *Jean Santeuil* erinnert – und atmosphärischen Schilderungen (die Lektüreszenen in einem Haus auf dem Lande), die schon die Szenerie von Combray vorwegnehmen, den Übergang zu etwas Neuem, das einige Jahre später zur *Suche nach der verlorenen Zeit* werden sollte.

Und schließlich: Die Jahre der Aufenthalte am Genfer See sind auch gerahmt von zwei politischen Engagements Marcel Prousts. Als er am 10. September 1899 erstmals aus Evian seiner soeben von dort abgereisten Mutter schreibt, hat der »Conseil de guerre«, der im bretonischen Rennes zusammengetretene Kriegsrat, sein Urteil im Revisionsverfahren gegen den – zu Unrecht – wegen Spionage für das deutsche Kaiserreich verurteilten jüdischen Hauptmann Alfred Dreyfus bekanntgegeben. Dreyfus, der ganz manifest Opfer einer antisemitischen Manipulation war, wird erneut für schuldig befunden, doch werden ihm – was bei dem angeblichen Tatbestand des Landesverrats geradezu absurd wirkt – »mildernde Umstände« zugestanden: zehn Jahre Haft in Frankreich (und nicht mehr auf der Teufelsinsel, die ihren Namen wirklich verdient hat) – wobei sich bereits abzeichnet, was kurze Zeit später eintritt: Dreyfus wird begnadigt werden. Dieses »Schandurteil«, so Proust[9], ist am Casino von Evian angeschlagen worden, zur Freude der Casinoangestellten, zum Kummer der in Tränen zerfließenden Anna de Noailles, die Proust noch am selben Abend zum Dîner in der Villa Bassaraba besuchen wird, wo er auch Constantin de Brancovan trifft. Zum Kummer so vieler meist gleichaltriger Freunde rund um den See, zur Freude manchen Vertreters des alten Adels, dessen Häuser am See Proust ebenfalls aufsuchen wird. Viele Wochen noch ist die »Affaire Dreyfus« in aller Munde, spaltet sie die Gesellschaft am See. Proust beschließt, so schreibt er seiner Mutter, vor eingefleischten Antidreyfusards, Antisemiten, auf den Straßen von Evian nicht mehr den Hut zu ziehen.

Unter dem Einfluss Ruskins und der Entdeckung der gotischen Kathedralen Frankreichs sowie anderer mittelalterlicher oder spätmittelalterlicher Architekturdenkmäler nutzt Proust auch, so etwa im Jahre 1903, die Reise nach Evian (und wieder zurück) zur Besichtigung von Sakralbauten und profanen Altertümern am Wegesrand. Unter dem Einfluss Ruskins engagiert sich Proust aber auch im Kampf um das Gesetz zur Trennung von Staat und Kirche, das zwar erst 1905 verabschiedet (und, auch dies eine Zäsur, damit die endgültige Festigung des laizistisch-republikanischen Systems in Frankreich symbolisiert), in den Jahren 1903 und 1904 aber bereits heftig diskutiert wird. Ende Juli 1903, einen guten Monat vor seiner Abreise nach Evian, schreibt er in Erinnerung an eine wohl etwas heftigere Diskussion unter Freunden einen langen Brief an Georges

Le Petit Journal

Le Petit Journal
CHAQUE JOUR 5 CENTIMES
Le Supplément illustré
CHAQUE SEMAINE 5 CENTIMES

SUPPLÉMENT ILLUSTRÉ
Huit pages : CINQ centimes

ABONNEMENTS

	SIX MOIS	UN AN
SEINE ET SEINE-ET-OISE	2 fr.	3 fr. 50
DÉPARTEMENTS	2 fr.	4 fr.
ÉTRANGER	2 50	5 fr.

Dixième année — DIMANCHE 20 AOUT 1899 — Numéro 457

LE PROCÈS DE RENNES
Dreyfus amené au Conseil de guerre

Das Petit Journal *vom 20. August 1899. Vor dem Militärgericht in Rennes hat das Revisionsverfahren im Prozess gegen den zu Unrecht verurteilten jüdischen Hauptmann Alfred Dreyfus begonnen. Proust kommentiert von Evian aus das Ergebnis als »Schandurteil«.*

de Lauris, in dem er seine Position *gegen* den Gesetzesentwurf noch einmal erläutert. Kaum in Evian angekommen, schreibt er, nachdem er unterwegs die Kathedrale von Vézelay besichtigt hat, abermals an Lauris und spielt auf die Diskussion an. Ein Jahr später erscheint im *Figaro* sein Aufsatz »Der Tod der Kathedralen«. Proust fürchtete, zu Unrecht, wie er später einsah, den gesetzlich abgesegneten Verfall der großen und bewunderten Sakralbauten. Gedanken, die er auch in Evian wälzte.

»IN EVIAN FÜHLTE ICH MICH NOCH AM EHESTEN ZU HAUSE.«

Ein schwieriger Gast

Mitte September 1904 macht Marcel Proust sich Gedanken darüber, wo er mit seiner Mutter den Spätsommer und frühen Herbst verbringen könnte. Möglicherweise, schreibt er Anfang des Monats an Madame Léon Yeatman, in Evian oder Chamonix, falls nicht doch im bretonischen Dinard, wo er sich noch im August im Zuge einer Kreuzfahrt auf der Yacht des Bankiers Paul Mirabaud kurz aufgehalten hatte. Es sei denn, sie, Mme Yeatman, könne ihm zu einem Aufenthalt am Mittelmeer im südfranzösischen Lavandou raten, auch wenn es da, wie der Asthmatiker befürchtet, Bäume gebe und Blumen, nicht wahr? Und Boulogne, an der Kanalküste?[10] Selbstverständlich bezieht Proust auch die Mutter in seine Überlegungen ein, die sich noch dadurch verkomplizieren, dass es möglicherweise gesellschaftlicher Verpflichtungen wegen – die bevorstehende Hochzeit seines Freundes Louis d'Albufera – ein Ort sein muss, von dem aus man rasch nach Paris zurückkehren kann. Trouville an der normannischen Küste? Von dort wären es mit der Bahn nur vier Stunden bis Paris. Aber Trouville oder Dieppe in der Haute Normandie hätten den Nachteil, dass es dort des Abends ähnlich traurig zugehe wie damals, das heißt im Juli 1895 im Kurhaushotel und im August 1897 im Oranienhof in Bad Kreuznach (in »Creusnach«, wie Proust schreibt), wo Madame Proust Genesung in den Salinen suchte und er, Marcel, in nervöse Zustände geriet. In Dieppe müsste es schon mindestens das Hôtel Royal sein, das aber, wie Proust im unmittelbar folgenden Brief schreibt, so unverschämt teuer sei, dass selbst die Murat ihren Aufenthalt dort abbrechen mussten. Dann doch eher das »Hôtel des Roches-Noires« in Trouville, was immerhin den doppelten Vorteil hätte, dass es moderater im Preis sei und Madame Straus sich in der Nähe aufhielte, die ein Auto habe usw. Die Mutter möge sich doch bitte auch darüber informieren, wann die Hotels schlössen und ob und wie sie geheizt seien, mit Kamin (gut) oder Heizkörper (schlecht), und den Doktor Paul Faivre fragen, einen Mitarbeiter ihres Mannes, des Professors Adrien Proust, ob nur Brest im fernen Finistère seiner Gesundheit schädlich sei oder auch Quimper, die Pointe du Raz am äußersten Ende der Bretagne, Roscoff, Dinard, Caen, Trouville, Dieppe... Albufera, so schreibt er, halte Chamonix unterhalb des Montblanc für zu feucht, wisse es aber nicht wirklich, der Freund Robert de Billy hingegen attestiert ein trockenes Klima und – man fragt sich, ob er sich über die Unschlüssigkeit Marcels nicht lustig macht – rate zum algerischen Biskra am Nordrand der Sahara. Das sei der perfekte Ort und nicht zu heiß in den Wintermonaten. Aber, fragt Marcel seine Mutter, was solle aus ihm werden auf einer so langen Reise. »Und wenn ich dort ersticke, was dann?« – Nein, nur in Evian würde er sich noch am besten erholen können, fühlte er sich noch am ehesten zu Hause, fände er die meiste Ruhe. Und wenn seine Mutter einverstanden sei, dann fahre er noch am selben Abend los und stieße zwei Wochen später zu ihr ans Meer.[11]

Proust machte es sich mit seinen Reiseplänen nicht leicht. Seiner Mutter und, wie man sieht, seinen Freunden allerdings auch nicht. Die Wahl des Sehnsuchtsorts Evian am Genfer See oder des benachbarten Thonon – »wie sehr liebe ich«, schrieb Proust noch Ende 1915, Anfang 1916 an den Freund Clément de Maugny, »wie sehr beweine ich Thonon, all diese Zeiten, in denen wir glücklich waren, ohne es zu wissen«[12] – hatte Proust erst nach langen Erkundungen getroffen. Im August 1893 hatte er sich nach einem dreiwöchigen Aufenthalt in Sankt Moritz, von Luzern kommend, eine Woche lang in Evian aufgehalten, bevor er sich zu seiner Mutter im »Hôtel des Roches Noires« in Trouville gesellt hatte. Erst sechs Jahre später, im September 1899, zieht es ihn wieder dorthin zurück. Mitte August 1899 schreibt er an Constantin de Brancovan, dessen Familie am Genfer See in Amphion, unweit von Evian, über einen immens großen Besitz verfügt, die *Villa Bassaraba*: »Ich habe die Absicht, ohne schon eine Entscheidung getroffen zu haben, mich in ein paar Tagen oder etwas später meinen Eltern am Genfer See anzuschließen. Meine Eltern sind in Evian, aber da ich Ansprüche in Hinsicht auf Abgeschiedenheit und Ruhe stelle, denen die überfüllten Hotels in Evian mir nicht zu genügen scheinen, würde ich gerne in einer weniger bevölkerten Ecke absteigen. Ich habe einen meiner Freunde gebeten, sich nach Hotels in Thonon zu erkundigen, denn er wohnt in der Gegend, aber ich habe auch von einem Hotel in Amphion gehört, wo, wie es heißt, nie jemand ist. Ich möchte Sie also um den Gefallen bitten, mir Ihre Meinung über das Hotel in Amphion zu sagen. Mir liegt in keiner Weise an großer Pracht, wenn es nur sauber ist. Was ich aber wissen müsste, und das ist der entscheidende Punkt für mich, wäre, ob es so leer ist, dass man dort ein abgesondertes Zimmer bekommen kann, wo man so lange schlafen kann, wie man will, ohne dass man Schritte über seinem Kopf oder in den benachbarten Zimmern hört. […]. Sie, der Sie den See gut kennen, haben Sie eine Idee, wo ich Ihrer Meinung nach besser schlafen kann, kann man in der Stadt Zimmer mieten oder, falls das nicht zu teuer ist, ganz kleine Wohnungen […]«. Fragen über Fragen. Außerdem will Proust noch wissen, ob das Hotel in Amphion über Fensterläden verfügt und »echte Vorhänge«, die die Zimmer wirklich verdunkeln. Und ob die Leute im Hotel auch wirklich nett seien.[13] Und als Brancovan ihm anbietet, sich in der Villa einzuquartieren, die er wohl schon von seinem kurzen Aufenthalt sechs Jahre zuvor kennt, lehnt Proust freundlich

Hier fühlte Proust sich noch am wohlsten: Evian, vom Genfer See aus gesehen, auf einem Plakat der Eisenbahngesellschaft P. L. M., deren Dienste auch Proust in Anspruch nahm.

ab. Er wolle ihn, Constantin, gerne und oft in der Villa besuchen, wonach er aber suche, seien keine Vergnügungen – im Postskriptum zum vorangegangenen Brief hatte er noch angefragt, was in diesem Jahr am See los sei –, sondern Ruhe. Und wenn er auf Besuch komme, dann eher nach dem Abendessen oder davor oder nach dem Mittagessen, denn dinieren, zu Mittag essen, das ermüde ihn zu sehr. Und außerdem, wenn er am Seeufer keine Luft bekomme, dann reise er ohnehin nach zwei Tagen wieder ab. Auch seine Mutter, die inzwischen mit ihrem Mann in Evian eingetroffen und im luxuriösen Splendide Hôtel abgestiegen ist, hat Proust mit Erkundigungen beauftragt. Sie hat sich das Hotel in Amphion angeschaut, zu dem Brancovan ihn schon überreichlich mit Auskünften versorgt hat, und sie hält es für perfekt, allerdings seien die Wände zu dünn, um vor Lärm zu schützen, und sein Zimmer drohe mithin, zu einer Art Echokammer zu werden. Leiser ginge es gewiss im Annex zum Beaurivage in Evian zu, und dort, so Proust ganz entschieden, wolle er sich nun einmieten.

Proust war kein einfacher Hotelgast, er war sogar, mit den Worten von Jacques Letertre, so etwas wie der Albtraum aller Hoteliers.[14] Im Sommer 1899 war Proust achtundzwanzig Jahre alt. Seit fast zwanzig Jahren litt er unter schweren Asthma-Anfällen. Die Nacht, die er mit dem übermäßigen Konsum von Asthma-Zigaretten und anderen »Räucherungen« in seinem Zimmer verbrachte, wurde

Der von seiner Tochter Anna de Noailles besungene Park der Villa Bassaraba des Fürsten Grégoire Bibesco-Bassaraba de Brancovan. Die Familie empfing hier die politische und künstlerische Prominenz des Fin de Siècle.

ihm zum Tage, Staub- und Lärmallergien führten zu stets hermetisch verschlossenen, schlecht durchlüfteten Räumen, denn schließlich hegte Proust auch eine geradezu panische Angst vor Erkältungen und starken Temperaturschwankungen. Sein Freund Maurice Duplay, auch er der Sohn eines prominenten Mediziners, eines Kollegen von Adrien Proust, erinnerte sich noch 1972 an einen gemeinsamen Aufenthalt im Splendide (vermutlich in den Jahren nach 1899), da Proust auch bei sommerlichen Temperaturen heftig fröstelnd und eingehüllt in einen dicken Mantel durch Evian spazieren ging.[15] Und Marie de Chevilly hatte noch im hohen Alter deutlich vor Augen, dass Proust auch bei größter Hitze am See nicht seinen doppelt gewickelten Schal abzulegen pflegte.[16] Überhaupt konnten Veränderungen seiner Schlafgewohnheiten immer wieder zu Krisen führen, zumindest behauptete er das. Auslöser dafür konnte auch, wie Madame Proust wusste, ein zu hoch gelegener Lichtschalter im Hotelzimmer sein.

Aber war es nur die Krankheit oder die Angst vor Ausbrüchen der Krankheit, die Proust zu einem so kapriziösen Gast machte, der zudem noch mit seinen legendären, extrem hohen Trinkgeldern den sozialen Frieden im Hotel empfindlich stören konnte?

In seinem letzten Brief an Constantin de Brancovan, verfasst eine Woche vor seiner Abreise nach Evian, schreibt er auch, gleichsam um sich für die Umstände, die er gemacht hat, zu entschuldigen, dass er immer sehr traurig sei, wenn er an einem neuen Ort ankomme, und er ihn bitten werde, »falls Sie nicht allzu beschäftigt sind«, ihn am ersten oder zweiten Tag nach seiner Ankunft besuchen zu dürfen, um »ein wenig Trost zu finden und inmitten der Ortsveränderung und all dem Unbekannten einen Freund wiederzutreffen, den man kennt und mit dem man, in Ermangelung der abgebrochenen Gewohnheiten, an eine Freundschaft anknüpft, die an die Vergangenheit zurückbindet. Denn an den ersten Abenden bin ich dermaßen unglücklich, so zutiefst, so mysteriös, so körperlich, so krankhaft unglücklich […] wie jene Tiere in der Dämmerung, von denen, glaube ich, Barrès sprach …«[17]

Das sind Zeilen, die den Leser der *Suche nach der verlorenen Zeit* aufhorchen lassen, drehen sich dort doch schon gleich zu Anfang die Gedanken des schlaflosen Erzählers um den Reisenden, der nächtens in fremden Städten, fremden Zimmern, fremden Betten sich wiederfindet. Vor kurzem, im Jahre 2021, geriet erstmals ein Textfragment an die Öffentlichkeit, von der Herausgeberin Nathalie Mauriac-Dyer als »Manuscrit de Belle-Île« bezeichnet, in dem Proust offenbar schon 1895 seine Phobie vor unbekannten Hotelzimmern thematisierte. »Jedes Mal«, heißt es dort, »wenn ich zum ersten Mal in einem Hotelzimmer schlafe, kann ich wohl all die großen Schriftsteller aufrufen, mir Gesellschaft zu leisten, all die Heroen, mit denen ich Umgang pflege und die mir mein Leben und seine Fährnisse als etwas sehr Unbedeutendes erscheinen lassen, indem sie mich lehren, dass wir angesichts von Jahrhunderten nicht mehr als ein Getreidekorn wiegen, ich kann mich mit aller Kraft ans Morgen klammern und an all die Tage, die folgen werden, um in Gedanken mühelos diese schwierige Minute zu überstehen, allein, meine kleine untröstliche Kinderseele, die nicht einschlafen kann, meldet sich jammernd bei mir zurück und flattert, ohne dass ich sie daran hindern könnte, wie eine Fledermaus durchs unbekannte, dunkle Zimmer, stößt sich an den Ecken und dreht sich wie die Angst im Kreise«[18]. Die kindliche, nie überwundene Angst vorm Einschlafen in fremden Betten, das »drame du coucher«, das als Reaktion auf den abrupten Ausbruch aus der Gewohnheit entsteht, sorgt neben den Empfindlichkeiten des hochsensiblen Asthmatikers für Prousts Umständlichkeiten bei der Wahl eines Hotels und eines Ortes für die Sommerfrische. Die Briefe an Constantin de Brancovan, das Fragment aus dem Jahre 1895 zeigen aber auch schon, wie Proust diese seine Eigenheit literarisch fruchtbar zu machen versteht. Verknüpft mit dem Thema des Einschlafens, wird das Hotelbett für Proust zum genuinen literarischen Ort. Noch 1908, im unmittelbaren Vorfeld zur Redaktion des großen Romans über die *Suche nach der verlorenen Zeit*, notiert er in einem seiner Hefte: »Der Geruch eines Zimmers, der Körper ist nicht daran gewöhnt und leidet, die Seele spürt es«.[19]

Als Proust im Jahre 1899 schließlich im Splendide zu Evian absteigt (und nicht wie angekündigt im Beaurivage), bedeutet dies eine Rückkehr in das Hotel, in dem er, vor seiner Renovierung, schon 1893 genächtigt hatte, es bedeutet auch, dass er dort seine Eltern antrifft (die allerdings bald schon wieder abreisen), es bedeutet vor allem, dass Proust endlich den Ort und das Hotel an »diesem schönen See« gefunden hat, in dem er noch weitere vier Male absteigen wird bis zum Jahre 1905, dem Jahr des letzten und tragi-

Das Splendide Hôtel in Evian nach seiner 1898 vollendeten Renovierung.

schen Aufenthalts in Evian, der mit der raschen Rückführung der sterbenskranken Mutter nach Paris endet. Im Jahre 1904 übrigens, in dem er sich, wie gesehen, so deutlich für Evian ausgesprochen hat, dem Ort, wo er sich noch am wohlsten, »am ehesten zu Hause« fühlte, ist er schließlich nicht an den Genfer See gefahren. Er blieb zu Hause, in der Rue de Courcelles, dieweil seine Mutter den Spätsommer im »eisigen« Dieppe verbrachte.

DIE BELLE ÉPOQUE AM SEE

Evian 1900

Nachdem Proust den Sommer 1902 in Paris verbracht hat, macht er sich Anfang September 1903 wieder auf, den »himmlischen Frieden des Sommers am Genfer See« (Anna de Noailles) zu genießen. Das zurückliegende Jahr war sehr ereignis- und arbeitsreich gewesen: In den Monaten Juni und Juli hatte er sich den *Jean Santeuil* noch einmal vorgenommen, Ende September 1902 ein erstes Manuskript seiner Übersetzung von John Ruskins *Bible d'Amiens* beim Verlag eingereicht und im Oktober eine zweieinhalbwöchige Reise durch Holland unternommen. Mit Alfred Vialatte, dem Direktor des *Mercure de France*, verabredet er im Dezember zudem eine Ausgabe mit ausgewählten Schriften Ruskins. Selbst wenn in Prousts diversen Schriften und Vorworten zu Ruskin bereits eine gewisse Distanzierung spürbar ist, bleibt er – vorläufig noch – dem Œuvre und, wie sich während des Sommers in Evian zeigt, dem Geist des »Meisters« verpflichtet, den er vier Jahre zuvor, während seines ersten langen Aufenthalts am Genfer See, entdeckt hatte. Und doch: An den Freund Antoine Bibesco schreibt er am 20. Dezember 1902: »Alles, was ich tue, ist keine wirkliche Arbeit, sondern nur Dokumentation, Übersetzung usw.«[20] Das klingt deprimiert. Der Wille zum Werk ist da, davon zeugt der Versuch, *Jean Santeuil* vielleicht doch noch zu retten, allein, es fehlt offenbar noch an einer initialen Idee. Wenig deprimiert, wenn auch von starker Erschöpfung die Rede ist (was, wie gleich zu sehen sein wird, wenig verwunderlich ist), klingt der Brief, den Proust eine Woche nach Ankunft im inzwischen vertrauten Splendide Hôtel an den Freund Georges de Lauris schreibt:

»... [ich] bin in einem unsäglichen Zustand abgereist. Im Zug war kein Gedanke an Schlaf. Ich habe den Sonnenaufgang gesehen, was mir seit langer Zeit schon nicht mehr widerfahren ist, und dieses Gegenstück zum Sonnenuntergang ist eine schöne und für meinen Geschmack viel reizvollere Angelegenheit. Am Morgen dann ein wildes Verlangen, den schlafenden Städtchen Gewalt anzutun (wohlgemerkt, ich sage Städtchen, nicht schlafende Mädchen!), sowohl denen, die im Westen noch im verblassenden Mondschein lagen, als auch denen, die im Osten schon unter dem Licht der aufgehenden Sonne erstrahlten, aber ich habe mich zurückgehalten, ich bin im Zug geblieben. Ankunft in Avallon gegen elf Uhr, Avallon besichtigt, dann mit der Kutsche nach Vézelay, wo ich drei Stunden später eingetroffen bin, aber in was für einem Zustand! Vézelay ist etwas Wunderbares, in einer Art Schweiz auf einem Hügel gelegen, der alle anderen überragt, auf Meilen hinaus von überall her sichtbar, und das in einer Landschaft von überwältigender Harmonie. Die Kirche ist riesig groß, hat mit Notre-Dame genauso viel Ähnlichkeit wie mit einem türkischen Bad, ist aus abwechselnd weißen und schwarzen Steinen gebaut, eine entzückende christliche Moschee. Wenn ich nicht so erschöpft wäre (ich habe Postkarten verschickt, und Sie sind der erste Brief, den ich schreibe), würde ich Ihnen schildern, was man beim Betreten an Schönem und Kuriosem empfindet. Ein andermal, denn ich kann nicht mehr. Am Abend bin ich nach Avallon zurückgefahren und hatte einen derartigen Fieberanfall, dass ich mich nicht auskleiden konnte. Ich bin die ganze Nacht spazieren gegangen. Um fünf Uhr morgens habe ich erfahren, dass es um sechs Uhr einen Zug geben sollte. Den habe ich genommen. Ich habe eine wunderbare mittelalterliche Stadt namens Semur erblickt und bin um zehn Uhr in Dijon angekommen, wo ich hübsche Dinge gesehen habe, auch die großen Grabmäler der Herzöge von Burgund, von denen die Gipsabdrücke keinerlei Vorstellung vermitteln können, denn sie sind polychrom. Und um elf Uhr abends bin ich in Evian eingetroffen. Aber diese wilde Hatz ohne Schlaf, dieses »Rennen in den Tod« hatte mich so mitgenommen, dass ich mich im Spiegel nicht wiedererkannte und mich die Leute in den Bahnhöfen fragten, ob sie mir behilflich sein könnten...«[21] – Es war eine gut vierzigstündige Reise, die Proust sich da zugemutet hatte. Wochen später, auf dem Weg zurück nach Paris, wird er Station in Bourg-en-Bresse machen, um die Abtei von Brou zu besichtigen, und in Beaune, des Hospizes wegen, abermals einer Hinterlassenschaft der Ducs de Bourgogne, denen er auf der Hinfahrt schon in Dijon begegnet war. Die Reise nach Evian war eben auch eine Art Forschungsreise (Proust hat zahlreiche solcher Exkursionen unternommen). Wieder zurück in Paris, sucht Proust die Vermittlung des Kunsthistorikers Auguste Marguillier, um Charles Ephrussi, dem Eigner und Herausgeber der *Gazette des Beaux-Arts*, Artikel über das Hospiz von Beaune oder die Kathedrale in Vézelay anzubieten.

Vierzig Stunden musste die Bahnreise nicht dauern, aber auf vierzehn Stunden hatte man sich einzustellen, seit die Eisenbahngesellschaft P. L.M. (Paris–Lyon–Marseille) im Jahre 1882 eine Verbindung nach Evian hergestellt und dort einen größeren Bahnhof westlich des Stadtzentrums errichtet hatte. Mit bunten Plakaten in den Reiseagenturen und Fresken in der Wandelhalle der zum Weltausstellungsjahr 1900 neu gestalteten Pariser Gare de Lyon weckte sie allenthalben mediterrane und alpine Sehnsüchte. Die Linie führte über das burgundische Mâcon und Villefranche-sur-Saône, Annemasse und Thonon nach Evian. Zählte Evian im Jahre 1870 immerhin schon 3 700 Touristen, waren es im Jahr nach dem Anschluss ans Netz der P. L.M.schon 6 000. Zuvor hatte sich der nächste Bahnhof für Reisende von und nach Evian in Lausanne befunden, am Schweizer Seeufer gegenüber. Regelmäßig verkehrende Raddampfer (auf denen man noch heute den Genfer See überqueren kann) sorgten für eine unproblematische Verbindung. Noch Prousts Eltern wählten im Jahre 1903 den Weg über Lausanne (der zuweilen eine Übernachtung im am See gelegenen Ortsteil Ouchy nötig machte). Freilich reisten sie damals über Interlaken an. Welche Zugverbindung Proust jeweils von Genf aus gewählt hat, ist nicht bekannt – und auch nicht, in welchem Bahnhof man ihn 1903 »halbtot« in Evian in Empfang genommen hat. War er aus dem kleinen Bummelzug ausgestiegen, den er all die Jahre über benutzte, um sich zwischen Evian, Amphion und Thonon (und Genf) hin und her zu bewegen? Dieser Zug hielt in Evian genau unterhalb des Hotels an einem heute stillgelegten Gleis (das alte Bahnhofshäuschen lässt sich noch aufspüren) und in Amphion nahezu exakt oberhalb des Besitzes der Brancovan. Noch viele Jahre später, 1920, erinnert Proust sich mit einiger Nostalgie an diesen Zug, als er für Clément de Maugnys Frau Rita ein »Vorwort« zu ihrem Karikaturenband *Au Royaume du bistouri* (Im Reich des Skalpells) verfasst (bei Proust sind Vorworte in aller Regel Ausweichmanöver, so auch hier, wo er sich der Aufgabe entledigt, ohne auf den Gegenstand des Buchs einzugehen): »Eine brave kleine und geduldige, gutmütige Eisenbahn wartete so lange es sein musste auf die zu spät Ankommenden, und manchmal hielt sie gar, auf ein Zeichen hin, wieder an, nachdem sie schon abgefahren war, um noch diejenigen aufzunehmen, die, außer Atem wie sie selbst, in aller Eile angerannt kamen. In aller Eile,

Sehnsuchtsort im Süden: Der Genfer See. Per Eisenbahn in 14 Stunden von Paris aus erreichbar. In den Sommermonaten brauchte der Luxus-Zug Savoie Express sogar nur knappe 11 Stunden.

das war der Unterschied zu ihr, die sich immer nur einer weisen Langsamkeit befleißigte. Langer Aufenthalt in Thonon, man schüttelte irgendjemandem die Hand, der gekommen war, einen seiner Gäste zu begleiten, dann die eines anderen, der Zeitungen kaufen wollte, die Hände vieler Leute, die ich immer im Verdacht hatte, nichts anderes zu tun zu haben, als dort Bekannte zu treffen. Eine Form des mondänen Lebens wie jede andere auch war dieser Halt im Bahnhof von Thonon.«[22] Dieser kleine Bummelzug, das ist der Zug, den eingefleischte Proustleser als den Zug zur Raspelière identifiziert haben, der an der normannischen Küste entlangzirkuliert. Er stiftet nicht die einzige Verbindung zwischen Evian und der Normandie. Evian liegt eben – manchmal – auch am Meer …

Aber warum Evian? Es ist nicht mehr auszumachen, ob es väterlicher Rat war, der sich von den savoyardischen Thermalquellen Linderung der nervösen Leiden des Sohnes versprach. Für den ersten Aufenthalt im Jahre 1893 ist dies eher auszuschließen. Möglich ist, dass auf der Rückreise von Sankt Moritz Prousts Reisegefährte Louis de la Salle – sie stiegen im Vorläufer des Splendide, dem Hôtel Royal, ab und wurden im Fremdenverzeichnis als »Rentiers« geführt – für die Wahl der Etappe Evian (oder sagen wir besser: Genfer See) verantwortlich war und ihn dort in der Villa Bassaraba den Brancovans vorstellte. Noch wahrscheinlicher aber ist, dass sie beide schon gut genug in die gehobene Gesellschaft eingeführt waren, die rund um den Genfer See annähernd dieselbe war wie in Paris. Evian lag nicht nur am Meer, sondern auch an der Seine …

Außer einem Brief aus Trouville an Robert de Billy vom September 1893, geschrieben also nach der Rückkehr aus Sankt Moritz und Evian, liegt kein Dokument vor, das es erlauben würde, Prousts ersten Aufenthalt zu rekonstruieren. Aber immerhin: Er bittet Robert, der zu diesem Zeitpunkt seinen Anwärterdienst an der französischen Botschaft in Berlin ableistet, um sein musikalisches Urteil zum Klavierspiel von Madame Conrad Jameson (geborene Céline de Portal), das ihn sehr beeindruckt und dem er »dort« (also am Genfer See) beigewohnt habe. Das lässt darauf schließen, dass Proust von Evian aus zum Besitz der Jameson, dem Château de Prévorzier unweit von Coppet (dem historischen Schloss der Madame de Staël), auf die andere Seite des Sees übergesetzt hat. Dass er mit der Pianistin schon zuvor bekannt war, kann nicht ausgeschlossen werden: Mit ihrem Mann wohnte sie in der Nähe der Familie Proust am Boulevard Malesherbes 115. Evian sur Seine … Auch Madame Baignères, die Mutter seines Freundes Jacques, habe dem Klavierabend beigewohnt. Die Baignères, die ebenfalls in Paris wohnten, besaßen eine Villa in der Nähe von Montreux. Ob Proust auch die Reise ans andere See-Ende unternommen hat? Einen anderen musikalischen Salon am See, die nun schon mehrfach erwähnte Villa Bassaraba, eine andere Pianistin von einigem Talent lernte Proust in Gestalt der leicht exzentrischen Fürstin Rachel de Brancovan, Witwe des Fürsten Grégoire Bassaraba de Brancovan, Mutter von Constantin, Anna und Hélène de Brancovan, kennen. Auch von ihr spricht er in diesem Brief. Und von deren Protégé, dem virtuosen Pianisten, Chopininterpreten und Komponisten Ignacy Jan Paderewski, der ab 1919 erster Staatspräsident des wieder unabhängigen Polen werden sollte. Paderewski war sowohl im Salon der Brancovan in der Pariser Avenue Hoche als auch in der Villa am See seit den späten 80er oder frühen 90er Jahren Dauergast. Es spricht einiges dafür, dass Proust auch ihm dort im Jahre 1893 begegnet ist, wie vielleicht ebenfalls im selben Jahr dem avantgardistischen Komponisten und »prince fantaisiste« Edmond de Polignac, einem Stammgast in der Villa Bassaraba, mit dem Proust bis zu dessen Tod im Jahre 1901 eine herzliche Beziehung unterhielt und auf den wir noch zurückkommen werden.

Diese wenigen Hinweise, so spekulativ sie auch sein mögen, machen zumindest deutlich, dass Evian und der Genfer See um 1900 für die damalige »bessere« Gesellschaft »the place to go« war. Die Bahnverbindung machte es möglich, gewiss, aber auch der rasante Aufschwung des Thermal- und Badetourismus, von dem Evian in ganz besonderer Weise profitierte, indem die Stadt mit ihren Quellen und Wassern bald schon ein kosmopolitisches Publikum anzuziehen wusste. *Aller prendre les eaux*, hieß es im damaligen Sprachgebrauch, zu den Wassern gehen, die Wasser zu sich nehmen. In der Kulturgeschichte des Bädertourismus spielt Evian eine ganz herausragende Rolle …

Das offizielle Fremdenblatt *Evian Programme* nahm in genau der Nummer des Jahres 1893, die auch die Ankunft der »Rentiers« Marcel Proust und Louis de la Salle am 30.8. oder 1.9. vermeldet, einen enthusiastischen Artikel des *Sémaphore de Marseille* wieder auf: »Seit ein paar Jahren hat sich die kleine gastfreundliche Stadt kokett herausgeputzt; sie hat sich hübsch geschmückt und verjüngt […]. Nichts ist schöner, reizvoller als die Ankunft in Evian, wenn man über den See aus Ouchy kommt. Links eine Gruppe von Bäumen: Das ist der englische Garten. Bänke, auf denen die Touristen das Schweizer Ufer betrachten, das Hin und Her der Dampfschiffe […]. Natürlich verfügt der englische Garten auch über den obligaten Tennisplatz. Dort steht auch ein Denkmal, ein Denkmal der Dankbarkeit. Der Fürst von Bassaraba Brancovano war so etwas wie der Erfinder, der Entdecker von Evian […], er hat daraus ein elegantes und geschmackvolles Thermalbad gemacht. Die Fürstin wohnt in der Nähe von Evian, in dem hübschen Park von Amphion, ein bewundernswertes Anwesen, dessen Tore von Zeit zu Zeit freundlicherweise offen stehen […].

Hinter dem Hafen folgt die Linie des Kais, eine lange

und bezaubernde Terrasse unter dem schattigen Gewölbe der Platanen. Und dort, hinter den Villen, die alles andere als banal sind, das Theater, dann das Casino und seine Gärten. Den Morgen verlebt man im Bäderhaus. Man verbringt ihn ganz ausschließlich mit Duschen, Bädern, Wassertrinken. Zwischen all den Gläsern lässt man die Zeit vergehen, man liest, man raucht, man plaudert in der Halle, man erledigt seine Korrespondenz, man überfliegt die Zeitungen und Depeschen [...]. Am Nachmittag und am Abend begegnet man sich wieder im Casino. Dort langweilt man sich nicht einen Augenblick lang. Gespräche im Garten, überraschende Begegnungen, während man einem exzellenten Orchester lauscht [...]. Am Abend Konzert, Operette, großes oder kleines Schauspiel, zuweilen nächtliche Feste mit Feuerwerk ...«[23]

Das kleine, »kokette« und schon höchst mondäne Thermalbad Evian stand 1893 erst am Anfang einer Entwicklung, die das Bild der Stadt noch gründlich verändern sollte. Als Proust sechs Jahre später, im September 1899, zum zweiten Mal in Evian eintraf, war das Splendide Hôtel umfassenden Renovierungsarbeiten unterzogen worden: Die Fassade des imposanten, langgestreckten Baus, wie man ihn auf alten Ansichten Evians sehen kann, wurde von drei Pavillons rhythmisiert, die ihrerseits jeweils von einer Kuppel überwölbt waren. Das Hotel mit seinen 230 Zimmern und seinen ausladenden Terrassen (dort ließ

Proust sich übrigens photographieren) lag hoch über der Stadt und dem See: »Der See, gesprenkelt von weißen Flecken, die dahinglitten und aufflogen (Segel und Möwen), schillerte je nach Tageszeit in immer neuen Tönen. Die jungen Frauen und Mädchen im Hotel mit ihren hellen Sommertoiletten nahmen sich aus wie die Segel und die Möwen [...]. Über den See legten sich purpurne, dann rosarote, dann violette Schleier.«[24] Maurice Duplays atmosphärische Impressionen vom Blick auf den See haben eine unverkennbar Proust'sche Färbung, die ihrerseits auf die Koloristen der zeitgenössischen Malergruppe der »Nabis« verweist. Womöglich haben sie, Proust und Duplay, gemeinsam den Blick von der Terrasse über den weiten See genossen. Prousts Meerblicke in der *Recherche,* etwa von La Raspelière aus[25], könnten auch Blicke von der Terrasse des Splendide sein, wo er die Bewegung eines »steamers«, eines Dampfers, beobachtet, der sich über die blaue Linie des Horizonts zwischen zwei Rosensträuchern, die den Blick rahmen, so langsam fortbewegt »wie ein träger Schmetterling«.

Zum Splendide hinauf führte eine elektrische Trambahn (zwischen 1907 und 1913 ersetzt durch eine immer noch funktionierende, höchst pittoreske Zahnradbahn), die Proust regelmäßig benutzte, obwohl er sich darüber beklagte, dass sie fast nie fahre. Stattdessen bedachte er den Schaffner des hoteleigenen »Omnibus« mit großzügigen Trinkgeldern. Dieser dankte es ihm, indem er Proust versicherte, dass er, »seit er für Hotels arbeite, nie jemanden kennen gelernt habe, der so freundlich zu den Angestellten« sei wie er, und dass alle Angestellten ihn liebten und es ihm sehr leid tue, dass er so leidend sei, denn wenn es jemanden gebe, der so etwas nicht verdient habe, dann er, Marcel Proust. Und das alles, wie Proust seiner Mutter erklärt, *bevor* er ihm zum Abschied zehn Francs Trinkgeld gegeben habe.[26] Unterhalb des Hotels und seines Parks sprudelte seit dem Revolutionsjahr 1789 die »Source Cachat« (nach dem Namen des damaligen Besitzers des Grundstücks, Gabriel Cachat). Diese Quelle, deren heilsame Wirkung bei Nieren- und Blasenerkrankungen seit Anfang des 19. Jahrhunderts bekannt war und die seit 1878 staatlicherseits und von der Académie de médecine anerkannt war, sorgte (und sorgt) für den Reichtum der Stadt und der »Société des Eaux minérales«, der örtlichen Mineralwassergesellschaft. Gegenüber der Quelle entstand zwischen 1903 und 1905 »La Buvette Cachat«, die Trinkhalle, in der auch Prousts Mutter noch Heilung suchte: ein wahrer Jugendstiltempel, gewidmet den Göttern des Wassers, Werk des Architekten Albert Hébrard aus Glas, Holz, glasierten Fliesen, mit den obligaten floralen Motiven und einem hohen Gewölbe, unter dem sich ein Brunnen mit einer Skulptur des Bildhauers Charles Beylard befindet, die »Apothéose de la Source«. Die »Buvette« war der gesellschaftliche Mittelpunkt Evians. Sie war ausgestattet mit einem Lesekabinett, auf den kleinen Schreibtischen lag

Die seit 1789 sprudelnde »Source Cachat« in Evian, von deren Wasser auch Prousts Mutter sich Heilung versprach.

Briefpapier für die Korrespondenz bereit, Madame Proust schrieb ihrem Sohn zuweilen auf dem Briefkopf der »Source Cachat«. Die Trinkhalle lag (und liegt) auf halbem Weg vom Hotel hinunter zum See. Innerhalb der Buvette führt eine breite Treppe hinunter zum Prunkportal, das sich auf die Rue Nationale öffnet, und von dort geht es weiter hinunter zum See und zum 1885 eröffneten Theater, das sich mit seiner neoklassizistischen Fassade und seinen 400 Plätzen durchaus neben den Pariser Theatern sehen lassen konnte. Evian war der erste Kurort in Frankreich, der seinen Gästen ein Theater bieten konnte. Neueren Datums war das gleich nebenan am Ufer gelegene große Badehaus, waren die Thermen oder, wie zeitgenössische Prospekte mit Sinn für die Verwissenschaftlichung der Hygiene schrieben (an der Prousts Vater ja entscheidenden Anteil hatte[27]), das »Institut für Hydrotherapie«, das mit einer Stahl-Glas-Kuppel, die den Eingangsbereich mit seinen marmornen Quellnymphen in dreißig Metern Höhe überwölbt, den eigentlich medizinischen Applikationen des Badetourismus gewidmet war. Der Architekt Ernst Brunnarius konnte der Eröffnung im Jahre 1902 nicht mehr beiwohnen, er war im Jahr zuvor Opfer eines Lawinenunglücks geworden. Proust und seine Eltern indes konnten im Laufe der Jahre von all diesen neuen Einrichtungen profitieren, sie wurden Zeugen der Blütezeit des Thermalismus in Evian.

CASINO-THÉATRE
ET
Etablissement Thermal d'Evian-les-Bains

Salon de Lecture

Evian-les-Bains, le ......

Hélas Madame, j'ai quitté Paris le jour où vous vous installiez à Chantilly pour Avallon, Vézelay, Dijon puis Evian où je vais passer

Nachricht aus dem Thermalbad: Proust meldet sich im September 1903 aus dem Lesekabinett des »Casino-théâtre et Établissement thermal« in Evian.

Was Prousts Eltern nicht mehr zu sehen bekamen, genauso wenig wie ihr Sohn Marcel, das war der Neubau des ebenfalls dem Architekten Albert Hébrard anvertrauten Casinos mit seiner zentralen, leicht byzantinisch anmutenden Kuppel und dem überproportionierten Portal eines Bahnhofs. Dieser Bau wurde 1912 inauguriert und ersetzte an gleicher Stelle das zuvor demolierte Château der Barone de Blonay, deren letzter, Ennemond de Blonay (1838-1878), in seiner Eigenschaft als Bürgermeister von Evian den Besitz seiner Ahnen der Stadt vermacht und darin ein erstes Casino mit Gärten und Musikpavillon eingerichtet hatte. Auch hier, in den Gärten, dürfte Proust sich mit seinem Freund Maurice Duplay oder anderen Gästen zuweilen aufgehalten haben, bevor sie zu nächtlichen Spaziergängen durch die Stadt bis drei Uhr morgens aufbrachen. Was Proust und seinen Eltern ebenfalls erspart geblieben ist, das war der Abriss des Splendide Hôtel im Jahre 1983. Unter demselben Namen wurde dort ein neues Hotel hochgezogen, das nur noch entfernte Ähnlichkeit mit dem Splendide Marcel Prousts hat. Der »große« Bahnhof in Evian dagegen ist noch derselbe wie damals, nur der sehr schöne Überbau der Stahl-Glas-Konstruktion, der dem Reisenden Schutz vor den Unbilden des Wetters bietet, wurde erst 1908 fertiggestellt.

Aber Evian wäre ein hübsches kleines Thermalbad wie jedes andere geblieben, wenn nicht das unermüdliche En-

Evian: Der Musikpavillon des Casinos.

gagement und Mäzenatentum eines offenbar immens vermögenden Mannes ab den sechziger Jahren des 19. Jahrhunderts die entscheidenden Impulse gegeben hätte: Im Frühjahr 1865[28] kaufte Fürst Grégoire Bibesco-Bassaraba de Brancovan (so sein vollständiger Name) den Erben eines illegitimen Sohns Napoleons I. ein am See unterhalb der Straße von Thonon nach Evian gelegenes Chalet im alpenländischen Stil ab – oder eben in dem Stil, den ein Pariser Publikum für alpenländisch hielt. Francis Gendroz, ein Genfer Architekt, der auf dem gegenüberliegenden Seeufer im Jahre 1872 für Adolph von Rothschild das Château de Prégny erbauen sollte (dem auch Proust 1899 seine Aufwartung machte), hatte es entworfen. Im Laufe der folgenden zwanzig Jahre kaufte Fürst Grégoire sukzessive die angrenzenden Grundstücke hinzu, verwandelte sie in eine vier Hektar große, paradiesisch anmutende Parkanlage, einen »geheimen, tiefen, unerschöpflichen Garten«, wie Anna de Noailles dichtete[29]. Fürst Bibesco-Bassaraba de Brancovan war Nachfahre der Hospodaren, des Herrschergeschlechts über die Walachei, die 1859 mit dem Fürstentum Moldau zum Königreich Rumänien verschmolz. 1827 in Craiova geboren, hatte Grégoire, der mit seiner Familie in Paris lebte, sein Studium an der elitären Militärakademie von Saint-Cyr absolviert, bevor er 1874 in London die Tochter des dortigen Botschafters der »Hohen Pforte«, d. h. des osmanischen Reichs, ehelichte, Ralouka »Rachel« Musurus, eine Pianistin von, wie es in zeitgenössischen Schilderungen heißt, außergewöhnlichem Talent und nicht weniger außergewöhnlicher Schönheit. Sie entstammte der byzantinisch-christlichen Oberschicht in Konstantinopel und zählte in ihrer Familie eine Reihe illustrer Vorfahren, darunter den ehemaligen englischen Premierminister und 1st Earl of Oxford and Asquith Herbert Henry Asquith. Es ist also eine höchst kosmopolitische Verbindung, aus der, 1875 in Amphion geboren, Constantin de Brancovan hervorging und in den folgenden Jahren die Töchter Anna (1876, zukünftige Comtesse Anna de Noailles) und Hélène (1878, die künftige Princesse Hélène de Caraman-Chimay). Marcel Proust stand mit allen dreien zeit seines Lebens in mal mehr, mal weniger enger Bezie-

Prince Grégoire Bibesco-Bassaraba de Brancovan (1827-1886) lancierte Evian als Ort für mondäne Sommerfrischler und Thermalgäste.

hung. Es ist, wie schon gesagt, wahrscheinlich, dass er Constantin, einen der künftigen Verleger seiner Schriften über John Ruskin, 1893 in Evian begegnete, womöglich traf er dort auch erstmals die damals siebzehnjährige, als Dichterin im Familienkreis debütierende Anna, für deren Werk er späterhin eine nicht nur mondänen Zwängen geschuldete Bewunderung hegte. Zugeneigt fühlte er sich auch der jüngeren Schwester Hélène, mit der er sich zuweilen über Literatur austauschte.[30] Zeit seines Lebens in enger, freundschaftlicher Verbindung stand er auch mit den Nachfahren eines anderen Zweigs der Familie Bassaraba de Brancovan, mit den Brüdern Emmanuel und vor allem Antoine Bibesco …

Fürst Grégoire erweiterte nicht nur den märchenhaften Park unweit der kleinen, heute stillgelegten Bahnstation von Amphion und unterhalb der im Sommer »heißen, staubblonden« Straße von Evian nach Thonon, die, auch hier kommen die Erinnerungen von Anna de Noailles zu Hilfe, gesäumt war von »stacheligen Hecken, geflochten aus Brombeersträuchern und Heckenrosen, in denen blaue Schlehen sich schüchtern runden unter den […] vorlauten Korallenperlen der Berberitze«[31]. Er fügte dem schmucken Chalet auch eine Villa im anglo-normannischen Stil hinzu (und wieder liegt Evian am Meer …) und einen Château genannten Turm in einem eklektischen, nur schwer zu definierenden Stil, in den offenbar auch byzan-

Ralouka »Rachel« Musurus, Princesse Grégoire de Brancovan. Sie war Zentrum des künstlerischen Lebens in der Villa Bassaraba.

tinische Elemente einflossen. Leider ist dies nur noch an einigen wenigen, nicht sehr aussagekräftigen Photographien zu überprüfen, denn der Turm existiert nicht mehr (wie auch das gesamte Anwesen privatisiert und parzelliert worden ist[32]). Ergänzt wurde das Ganze durch eine große Glaskonstruktion, eine Art Veranda, mit zwei Flügeln, einem Billardtisch und zahllosen Korbsesseln, die der stets zahlreichen Gesellschaft in der Villa zur Verfügung standen. Dies war auch der Ort der vielen Musikabende, auf denen sich neben der Dame des Hauses, der Fürstin Rachel, auch Edmond de Polignac, Léon Delafosse, Ignacy Paderewski und andere produzierten. Zu »Garden Parties« in der Villa kamen bis zu 300 Gäste. Und die Beziehungen Grégoires reichten weit: So brachte er es fertig, sowohl Adolphe Thiers, den Schlächter der Pariser Commune von 1871, in Amphion zu empfangen als auch Léon Gambetta, den Heroen des Pariser Widerstands gegen die Preußen und erbitterten Gegner Thiers'. Freilich liegen zwischen beiden Besuchen sieben Jahre: Thiers kam 1875, Gambetta 1882. Doch damit nicht genug. Fürst Grégoire bepflanzte »sein« Seeufer mit einer Platanenallee und legte einen eigenen Hafen an, in dem die *Romania*, seine 31 Meter lange, 60 Tonnen schwere Motoryacht festmachen konnte, mit der Ausflüge auf und über den See unternommen wurden. Das Boot war 1875 in Thonon vom Stapel gelaufen. Grégoire Bassaraba de Brancovan teilte seine Liebe zur Schifffahrt mit der Gattin des Frankfurter Bankiers

Gruppenphoto der Sommerfrischler in der Villa Bassaraba, 1899. Von links nach rechts und von oben nach unten: Prince Edmond de Polignac, Madame Anatole Bartholoni [i. e. Marie-Thérèse Fraser Frisell Lovat], Marcel Proust, Constantin de Brancovan, Jeanne Bartholoni, Léon Delafosse; Joséphine de Monteynard Marquise d'Arces, Princesse Edmond de Polignac [i. e. Winaretta Singer], Anna de Noailles, Hélène de Caraman-Chimay, Abel Hermant.

Adolph von Rothschild, die ebenfalls eine Yacht ihr Eigen nennen konnte. Mit ihr und anderen Bootseignern seiner sozialen (und ökonomischen) Kategorie lanciert er ab 1884 die internationale Regatta von Evian, die rasch zum nationalen und gesellschaftlichen Ereignis wird – und somit ihren Anteil am Ruhm Evians hat. Mit seinem Nachbarn, dem Bankier (Neuflize, Girod & Cie.) und Co-Präsidenten der lokalen Mineralwassergesellschaft Gustave Girod, mit Anatole Bartholoni, der im nahe gelegenen Sciez das Château de Coudrée besitzt (in dem Proust Jahre später ebenfalls verkehren wird) und anderen gründet er ein Jahr später die »Société nautique française sur le lac Léman«. Und vergisst über alldem nicht, die Gemeinden am See als Mäzen zu bedenken. Der kleinen, zwischen Evian und Thonon gelegenen Stadt Publier (zu der Amphion gehört) stiftet er eine Bibliothek, auch die jährlich zum Schuljahresende vergebenen Preise zahlt er aus seiner Schatulle.

Grégoire Bassaraba de Brancovan stirbt am 15. Oktober 1886 ganz plötzlich an einer Lungenlähmung, wie es damals hieß, mit erschwerender Herzmuskelentzündung – keine zwei Wochen nach seiner Rückkehr nach Paris, wohin er den Sohn Constantin begleitete, für den die Schule wieder anfing.

Die Villa Bassaraba schließt für ein Jahr die Türen und Fensterläden, bevor, animiert von Grégoires Witwe Rachel, das Leben im Paradiesgarten von Amphion wieder aufblüht.

Marie de Chevilly, die »bezaubernde« Schwester des Freundes Pierre de Chevilly[33], hatte gewiss recht, als sie sich im hohen Alter noch an einen »gefragten und mondänen jungen Mann« erinnerte, der in den Jahren um 1900 in Evian ein einigermaßen »normales« Leben führen konnte und von gesundheitlichen Krisen, verursacht durch den »rhume de foin«, den Heuschnupfen, wie sie es nennt, nur in größeren Abständen befallen wurde[34]. Das deckt sich mit den ebenfalls Anfang der 1970er Jahre erschienenen Erinnerungen des bereits zitierten Maurice Duplay. Vor allem deckt es sich mit dem, was wir in den zahlreichen Briefen finden, die Proust während des Aufenthalts im Jahre 1899 an seine Mutter schrieb. Diese Briefe, fast ausnahmslos in den ersten Stunden nach Mitternacht geschrieben, lesen sich streckenweise wie ein Tagebuch von geradezu Thomas Mann'scher Akribie und Obsession, wobei es ihnen allerdings nicht an Humor gebricht. Peinlich genau kommentiert Proust zwischen dem 10. September und dem 4. Oktober seinen Gesundheitszustand, registriert er seinen Medikamentenkonsum, liefert er den geradezu täglichen Wetterbericht, legt Rechenschaft ab über seine Finanzlage und kommentiert als eifriger Zeitungsleser, was nicht verwundern kann, das politische Geschehen, das Ende der Dreyfus-Affäre. Am 10. September ist es feucht und kalt (ob es in Mont-Dore oder Kreuznach wohl feuchter war?, fragt er seine »chère petite maman«), am 12. hat er wenig geschlafen, aber es geht ihm gut, und nach Einnahme von Trional hat er auch gut geschlafen, aber es handele sich um keinen »Rückfall in die Medikamente«, im Gegenteil, seit zwölf Tagen komme er ganz ohne aus. Und es sei immer noch regnerisch. Ob er Clément de Maugny zum Abendessen ins Hotel einladen solle? Lieber außerhalb ein Mittagessen, da das Geld nicht reiche. Am 13. September hat er vor dem Einschlafen etwas mehr geraucht, es kommt extrem starker Wind auf, der Himmel ist strahlend blau, auf dem See kräuseln sich die »Schaumkronen wie am Meer« (!). Auch am 14. scheint wieder die Sonne, aber warm ist es nicht, und der See schäumt. Am Vorabend ist er von einem Ausflug nach Genf spät zurückgekommen, er hat abermals gut geschlafen, ohne seine Asthmazigaretten zu rauchen. Am 15. gesteht er, dass er ständig unterwegs sei, »par monts et par vaux«, sich aber angesichts der rapide schmelzenden Geldreserven nicht mehr traue, vor die Tür zu gehen, am 16. klagt er, dass er am Vortag eigentlich den Dampfer nach Ouchy habe nehmen wollen, um von dort mit der Zahnradbahn hoch nach Lausanne zu fahren und weiter nach Coppet, zu den Haussonvilles (den entfernten Nachfahren der Mme de Staël), sich aber aus Angst vor Vorhaltungen seiner Mutter nicht getraut habe: Schließlich habe er außer seinem schäbigen Filz keinen anständigen

Hut, um auszugehen … Am 17. hat er schlecht geschlafen: Zunächst kein Bikarbonat zur Hand, dann Lärm in der Nacht, aber er sei, ohne zu rauchen, wieder eingeschlafen. Er rauche überhaupt nur, bevor er sich zu Bett begebe, schaue dann am Morgen aber verschlafen aus der Wäsche. Zum Trional habe er immer noch nicht gegriffen. Am 20. sind die Schmerzen im Handgelenk verschwunden, Abhilfe hat eine Morphin-Jodtinktur des Dr. Cottet verschafft. Am 22. folgt der Bericht von einer langen Exkursion mit Bahn und Automobil nach Coppet und Prégny (»… das Wetter schön, vorgestern die Sintflut …«). Am 24. (unterstrichen im Brief) lange Nacht, am Morgen nicht geraucht, keinerlei Beklemmungen, endlich geht's ihm richtig gut. Aber grauer Himmel, kaltes Wetter. Am 25. hat's in der Nacht geregnet. Und so weiter. Gegen Ende des Aufenthalts werden die finanziellen Fragen dringlich. Am 2. Oktober hat er eine Seerundfahrt unternommen, die ihn 6,20 Francs gekostet hat. Schon am 28. oder 29. September hat er der Mutter eine lange Rechnung aufgemacht. Die Woche im Hotel kostet 167 Francs. 40 Francs hat er in der Apotheke gelassen (für Watte »etc.«, schreibt er. Mit anderen Worten: Prousts Apothekenrechnung beträgt ein Viertel dessen, was eine Woche im luxuriösen Hotel inkl. Mahlzeiten kostet!), 10 Francs Trinkgeld hat er dem Etagenkellner gegeben, 10 Francs dem Liftboy, 7 Francs am Vorvorabend dem Kutscher nach Thonon, 2,10 Francs hat die Bahnfahrt gekostet. Kurz: Von den 300 Francs, die die Mutter ihm vorgestern überwiesen habe, bleibe nicht viel. Und es kommen noch mehr Kosten auf ihn zu – und er träumt davon, den Urlaub in Zermatt fortzusetzen oder in Chamonix. Finanziell wird der Achtundzwanzigjährige noch an der kurzen Leine gehalten.

Vor allem unterhält Proust seine Mutter, die Evian am 9. September verlassen hatte, in diesen Briefen mit allerlei Tratsch – was ein Hinweis darauf ist, dass Proust sich am gesellschaftlichen Leben im splendiden, aber wenig zauberberghaften Hotel auf den Höhen oberhalb von Evian beteiligt oder sich doch zumindest dafür interessiert hat. Es sind vor allem »betuchte Rentiers und Finanzleute«[35], die sich im Splendide tummeln. Dazu prominente Anwälte, prominente Ärzte wie Adrien Proust und zuweilen hochrangige Militärs und Salonkünstler. Die Familien, von denen Proust in seinen Briefen erzählt, sind mit seinem Elternhaus freundschaftlich oder nachbarschaftlich verbunden. Die Oulif, die Biedermann, die Weisweiler, die Halphen, oftmals jüdisches Großbürgertum aus Paris, zu dem Proust eine gewisse Distanz zu wahren scheint. Nicht wegen, sondern trotz der Dreyfus-Affäre: Wie später in der *Recherche* u. a. an der Figur des alternden Swann dargestellt, will Proust sein Engagement als »Dreyfusard« nicht in der Religion der Mutter begründet sehen, sondern in seiner Vorstellung von Justiz und Gerechtigkeit. Die Tatsache, dass ein Liftboy von der Hotelleitung entlassen wird aufgrund seiner Sympathien für Dreyfus, kommentiert Proust der Mutter gegenüber nicht als Skandal, sondern mit den Worten: »wahrscheinlich hat er dieselbe Religion«[36]. Gleichwohl verfolgt er die Antidreyfusards, die mit der erneuten Verurteilung des bedauernswerten Hauptmanns am 9. September einen Sieg davongetragen zu haben glauben, mit bissigem Spott. Als die Presse die unmittelbar bevorstehende Ankunft des Generals Auguste Mercier in Evian vermeldet, der als Kriegsminister eine der übelsten Rollen im Komplott gegen Dreyfus gespielt hat, erzählt Proust folgende Anekdote[37]: »Der General [Joseph] Rebillot [auch er ein militanter Antidreyfusard] hat im Thermalbad den Grafen d'Eu getroffen. Grußformeln usw. Der taube General brüllte, um sich verständlich zu machen, und schlug, da er ja schreien musste, gleich den Kommandoton an. Sodass man ihn noch Meilen entfernt hätte hören können: ›Haben Monseigneur gesehen, wie scheußlich die Schweizer Zeitungen sich uns gegenüber in dieser fürchterlichen Affäre verhalten?‹ – ›Was verstehen Monseigneur darunter?‹ – ›Ich verstehe nur wenig, vor allem, weil ich Ohrenschmerzen habe.‹ – ›Der General Mercier war bewundernswert. Ihm muss man gratulieren.‹«. Vor dem Grafen d'Eu weigert sich Proust denn auch, den Hut zu ziehen, auch wenn er befindet, dass der alte Mann und seine Frau (er »schlurft im Hotel übers Parkett wie ein Schlittschuhläufer«) eigentlich keine unsympathischen Leute seien, »de bonnes gens très simples«.

Bei anderer Gelegenheit kolportiert er etwa ein köstlich bösartiges Bonmot des »alten« Maugny (auch er ein Antisemit und also Antidreyfusard), des Vaters seines Freundes Clément. Dieser macht sich über den Uhrmacher Pateck (sic) lustig, der mit seinem Reichtum ganz Thonon blende. Seine Devise laute: »Pour et par la montre«, was man mit »Für und durch den Zeiger« nur unzureichend übersetzt. Gemeint ist, den Doppelsinn von »montre« nutzend: Für die Uhr und für die Schau. Alter savoyardischer Adel macht sich lustig über neureiche Zuwanderer aus Polen … Wenn Proust sich über die Hotelgesellschaft nicht lustig macht, kann er auch durchaus den Snob geben, etwa wenn ihn andere Gäste unter Hinweis auf gemeinsame oder nur vermeintlich gemeinsame Bekannte in ein Gespräch ziehen wollen. Er lässt sie, wie er der Mutter stolz erklärt, einfach abblitzen. Das tut er indes nicht, wenn der Bankier de Neuflize, der auch Präsident der Mineralwassergesellschaft ist, im Hotel ein viel beachtetes Abendessen gibt und sich dessen Partner, Monsieur Girod, am nächsten Morgen beim Frühstück zu ihm gesellt und ihn nach seinem Befinden fragt. Angeblich, so Proust, findet Monsieur Girod, dass er, Proust, wie ein Gespenst aussehe, was die Oulif und die ungeliebten Cottin (eine andere mit den Prousts bekannte Familie) nun ganz und gar nicht so sehen. Freundlich indes verhält Proust sich schon in Evian (wie später im Ritz oder in Cabourg) zum Personal und anderen rangniederen Dienstleistern.

Als sich, wie Maurice Duplay berichtet[38], an einem Abend im Hotel recht mittelmäßige Zauberkünstler (ein armer Teufel im abgewetzten Frack, eine dicke Seherin, in ein mephistophelisch rotes Kostüm gezwängt: Man glaubt sich in eine berühmte Szene aus Viscontis *Tod in Venedig* versetzt) mit den immer gleichen, längst bekannten und also langweiligen Nummern produzieren (lauter Schals, bunte Papierblumen und Tauben aus dem Zylinder) und es im Anschluss an die Darbietung ans Bezahlen geht (was in Form einer Art Versteigerung abläuft), hält sich das Publikum von Millionären, das für die »bohèmes« (zu verstehen hier als das »fahrende Volk«) nicht viel übrig hat, vornehm zurück. Bis Proust mit einer »relativ enormen« (Duplay) Summe einsteigt und die anderen, die wirklich reichen Gäste, sich bei ihrer Ehre gepackt fühlen und ihn kräftig überbieten – und die Künstler reich entlohnt von dannen ziehen ließen. Proust scheute sich auch nicht, wir verlassen uns abermals auf das Zeugnis von Duplay, in Evian einem Kellner im Café die Hand zu reichen oder neben den Kutscher auf den Bock zu steigen, wenn es nach Amphion, in die Villa der Brancovan ging. Bei einigen Herren der »feinen« Gesellschaft im Hotel brachte ihm das den Ruf ein, seinem Rang nicht zu entsprechen, weshalb er sich in der Kammer gewiss gut als Abgeordneter der extremen Linken machen würde …

Die bei Duplay, Chevilly und in fast zwanzig Briefen überlieferten Anekdoten und Bonmots sind natürlich zu zahlreich, um alle aufgeführt zu werden. Aber auch in kleiner Auswahl geben sie etwas von dem Ambiente des gehobenen Thermaltourismus um 1900 und im Zeichen der endenden Dreyfus-Affäre wieder. Wie Proust übrigens gleich nach Verkündung der abermaligen Verurteilung des Hauptmanns am 9. September geahnt hat, wurde Dreyfus nur zehn Tage später vom Ministerrat begnadigt. Rehabilitiert wurde er erst 1906.

VON EINEM SCHLOSS ZUM ANDERN

Die Briefe an die Mutter gestatten vor allem, Prousts gesellschaftliches Leben am Genfer See außerhalb des Hotels nachzuvollziehen. Ins Hotel zogen wohlhabende Pariser Großbürgerfamilien wie die Prousts, die, anders als der Adel, über keine eigenen Landsitze oder Schlösser verfügten. Dort aber, auf den Landsitzen, in den Villen (im italienischen Sinne: ein Landbesitz mit mehreren Häusern), Schlössern fand das eigentliche gesellschaftliche Leben rund um den See statt. Die Häuser standen offen für Empfänge, Diners, Musikabende, Lesungen, zuweilen Theateraufführungen oder »tableaux vivants«, man stattete sich gegenseitig Besuch ab, nahm Gäste langfristig, oft über Wochen auf. Es war die Fortsetzung des Pariser Lebens mit anderen Mitteln und unter günstigeren klimatischen Bedingungen. Während seines Aufenthaltes im Jahre 1899 wie auch schon 1893 und in den Jahren danach verkehrt Proust in diesen Häusern, die zum großen Teil den Familien von Freunden gehören, die er schon längere Zeit kennt und die, wie Pierre de Chevilly und Clément de Maugny, aus alten savoyardischen Adelsgeschlechtern stammen. Ihre Eltern haben oftmals noch als hohe Offiziere in der Armee des Königreichs von Piemont-Sardinien unter Vittorio Emanuele II. gedient, bevor Savoyen 1860 im Vertrag von Turin an Frankreich abgetreten wurde.

Auch lange Jahre nach dem Tod von Prince Grégoire Bassaraba de Brancovan blieb die Villa in Amphion, die seinen Namen trägt, der intellektuelle und gesellschaftliche Mittelpunkt am französischen Ufer des Genfer Sees. Dafür sorgte seine melomane und musizierende Witwe, die Fürstin Rachel, die zahlreiche Musiker, Komponisten und Schriftsteller um sich zu sammeln wusste, dafür sorgten auch ihr Sohn Constantin, der als Herausgeber der *Renaissance latine* eine respektable Zeitschrift für die gelehrten Pariser Stände herausgab, ebenso wie ihre Tochter Anna, die, von Proust bewundert, von Anatole France gefördert, als Comtesse Anna de Noailles zu einer der bedeutendsten »femmes de lettres« der Dritten Republik avancieren sollte und die unter anderem, in Reaktion auf den rein männlich besetzten Prix Goncourt 1904, den heute noch begehrten Prix Fémina begründete (mit zwanzig Jurorinnen, keinem Mann). Nach ihrem Tod am 30. April 1933 wurde sie mit einem Staatsbegräbnis geehrt. Dafür sorgte schließlich auch die literarisch nicht weniger interessierte zweite Tochter, Hélène, die den belgischen Fürsten Alexandre de Caraman-Chimay ehelichte und in Paris einen Salon unterhielt, in dem auch Proust zu Gast war. Proust hatte die Villa, wie bereits erwähnt, wahrscheinlich schon 1893 ein erstes Mal aufgesucht, 1899 war er dort regelmäßig zu Gast, ließ sich entweder mit der »Brancoche«, der

Brankotsche, d.h. der Kutsche der Brancovans, im Hotel abholen oder fuhr dort mit dem kleinen Bummelzug hin, an den er sich (s.o.) noch Jahre später gerne erinnerte. Er hielt unterhalb des Hotels Splendide, unweit der Source Cachat, an einem kleinen Bahnhofshäuschen und wenig später dann, keine fünf Kilometer weiter, in Amphion an einem ähnlichen kleinen Bahnhof (das Gebäude steht heute noch) nahezu genau oberhalb der Villa. Von dort waren es nur noch ein paar Schritte zu Fuß.

Proust war im September 1899 gleich am Abend der Urteilsverkündung im Revisionsprozess gegen Dreyfus in die Villa geeilt, wo er eine in Tränen aufgelöste Anna de Noailles vorfand: »Wie konnten sie das nur tun? Wie konnten sie es wagen, ihm [i.e. Dreyfus] das zu sagen, und das gegenüber dem Ausland, gegenüber der ganzen Welt, wie konnten sie nur!«, schluchzte sie laut Prousts Bericht an die Mutter.[39] Anwesend ist an diesem Abend (wie den ganzen Sommer über) auch Fürst Edmond de Polignac, kein Dreyfus-Freund, der sich aber zurückgehalten zu haben scheint. Seine Frau, Winnaretta Singer, die immens reiche Tochter und Erbin des amerikanischen Nähmaschinenfabrikanten, hatte am selben Nachmittag noch in Coppet auf dem gegenüberliegenden Ufer Mme de Haussonville einen Besuch abgestattet, welch Letztere ihr gesagt haben soll: »Ich verstehe sehr wohl, dass Ausländer wie Sie so denken«, woraus man wohl schließen kann, dass Mme de Polignac ebenfalls Dreyfusarde war. Bei den

Brancovan bewegte Proust sich in einem kosmopolitischen, offenen, Dreyfus-freundlichen Milieu, in dem gleichwohl auch Andersdenkende willkommen waren, so sie sich nicht radikal gebärdeten.

Eines der seltenen photographischen Dokumente, das von den sommerlichen Treffen in der Villa überliefert ist, zeigt in einem Winkel des Gartens Edmond de Polignac und seine Frau Winnaretta, Constantin de Brancovan, Léon Delafosse, den Musiker und Komponisten, mit dem Proust kurzzeitig eine sehr enge Beziehung unterhielt, Anna de Noailles, Hélène de Caraman-Chimay, den seinerzeit sehr erfolgreichen Romancier und Theaterautor Abel Hermant, Madame Bartholoni, deren Tochter Jeanne, die Marquise d'Arces und, in der letzten Reihe, leicht verdeckt, Marcel Proust mit fülligem Schnauzbart. Die Gesellschaft hat sich für den Photographen in Pose gesetzt, die Damen tragen helle luftige Kleider, Prince Edmond de Polignac tritt ebenfalls im hellen Sommeranzug in Erscheinung, Abel Hermant trägt immerhin eine helle Hose, von Proust sieht man nur ein dunkles Jackett. Ein trotz der Posen stimmungsvolles Bild, das etwas von der sommerlich ungezwungenen Atmosphäre in der Villa, im Park, am hauseigenen Tennisplatz, unter den Platanen am See und in der gläsernen Halle verrät. Ungezwungen war denn auch das Verhältnis, das Proust zu einigen der Gäste unterhielt, unter anderem zu dem bewunderten Prince Edmond de Polignac, einem Original, der als avantgardistischer Musiker auf sich aufmerksam machte und offenbar einen lockeren Umgangston Proust gegenüber pflegte (»Welchem gefährlichen Experiment geben Sie sich da hin?«, soll er Proust gefragt haben, als er diesen mit einem Flakon seines Asthmamittels Philogyne ertappte. »Philogyn« bedeutet auch »frauenfreundlich« …). Proust begegnete ihm in Evian und in der Villa häufiger, jedenfalls ist von ihm und seinen Ansichten in der Korrespondenz mit der Mutter immer wieder die Rede. Er kannte ihn, wie Nathalie Mauriac-Dyer vermutet[40], bereits seit 1893 auf Vermittlung durch Robert de Montesquiou, und es ist nicht ausgeschlossen, dass er ihm, den er schon 1895 einen »noble musicien« nennt – einen Musiker von Adel und nicht einen adeligen Musiker, einen »musicien-noble«[41] –, schon bei seinem ersten Besuch in der Villa Bassaraba begegnet ist. Während seines Aufenthaltes im Jahre 1903 wird Proust dem Salon der Princesse Edmond de Polignac einen Artikel im *Figaro* widmen, in dem vor allem von dem 1901 verstorbenen Musiker die Rede ist.

Hat Proust auch eine Bootstour auf der Yacht Romania unternommen? Das ist durchaus möglich, immerhin hatte für ihn die Vorstellung, den See per Boot zu erkunden, nichts Abschreckendes, im Gegenteil. Treffen der jüngeren Gäste[42] am eigenen Tennislawn (wie die anglophile Oberschicht noch sagte), Bootstouren, Ausflüge und Besuche in der Nachbarschaft am See, Hauskonzerte, Geplauder in Korbsesseln unter hohen Bäumen, Zeitungslektüre,

Spaziergänge im Park oder einfach nur sommerliche Träumereien im floralen Paradies der Villa, wie Anna de Noailles sie erinnerte, all das rhythmisierte die unbeschwerten Aufenthalte am See:

L'horizon était beau comme une mélodie,
La montagne d'argent brillait, molle, engourdie,
Et glissait dans le lac son torrent de clarté:
C'est là que j'ai connu les bonheurs de l'été.
Quel échange d'amour, de promesses, de joie
Entre les côteaux verts et les cieux de Savoie …

Der Horizont war schön wie eine Melodie,
Das silberne Gebirge glitzerte, träg, verschlafen
und seine Helligkeit glitt einem Sturzbach gleich in den See.
Dort habe ich all das Glück des Sommers erfahren.
Welch wechselseitige Gabe an Liebe, Versprechen, Freude
Zwischen den grünen Hängen und den Himmeln
Savoyens[43]

La joie, die Freude, reimt auf das geliebte Savoyen, seinen See und seine Berge. Das nannte man einmal eine Sommerfrische …

Anna de Noailles vor der Villa Bassaraba, in ihrem »Paradiesgarten« am Genfer See, September 1899.

Von der Villa Bassaraba ging auch die Initiative zu einem Ausflug aufs andere Seeufer nach Coppet und Prégny aus. Constantin de Brancovans Schwager, Prince Alexandre de Caraman-Chimay (auch er ein Dreyfus-Gegner und deswegen 1899 selten in der Villa zu Gast), besaß ein Automobil, das er den Exkursionisten freundlicherweise zur Verfügung stellte. Proust, der in späteren Jahren zu einem überzeugten Adepten des Autotourismus durch die Picardie oder die Normandie wurde, gab sich 1899 noch zurückhaltend. Seine Mutter bat er gar, beim Vater um ein geradezu amtliches Entschuldigungsschreiben vorstellig zu werden, das ihn wegen Gefahr für seine Gesundheit von Fahrten im Auto dispensiere. Der Grund war, dass Constantin und der Dritte im Bunde, Abel Hermant, sich offenbar über Proust lustig gemacht hatten und sein Asthma für Einbildung hielten. Kurz: Proust wählte einen Mittelweg. Der Mutter berichtete er: »Constantin [hatte mir] ausrichten lassen, dass er bei schönem Wetter mit Hermant im Automobil nach Coppet fahren wolle (das Automobil von Prince de Chimay, der wegen der Jagd oder der Affäre immer noch abwesend ist). Es regnete. Eine unruhige Nacht: Fahren sie, fahren sie nicht? Schon um ½ 8 Uhr auf in Erwartung einer Nachricht und den Himmel prüfend. Sie sind gefahren. Um mich nicht allzu lange dem zu starken Luftzug auszusetzen, haben wir abgemacht, dass ich mit der

»Es ist köstlich, an einem goldenen Herbsttag in Coppet anzukommen …« Schloss Coppet auf dem Schweizer Ufer des Genfer Sees war Wohnsitz von Germaine de Staël, geb. Necker (1766-1817), und zu Beginn des 19. Jahrhunderts Treffpunkt liberaler europäischer Intellektueller.

Eisenbahn nach Genf fahre, wo wir uns dann wieder getroffen haben […]. Von Genf aus bin ich im Automobil nach Coppet gefahren. »Die Comtesse« war zum Mittagessen nach Genf gefahren. Aber da ich Madame de Staël den Vorzug gegenüber Madame d'Haussonville gebe, war mir daran gelegen, jedes Zimmer ausgiebigst zu besichtigen. Es war nun ausgerechnet der Tag, an dem zur Besichtigung geöffnet war. Und wahrscheinlich waren sie deswegen ausgeflogen, denn das dürfte ziemlich lästig sein. Es war ein wahrer Auflauf […]. Weiter dann im Automobil von Coppet nach Prégny und von Prégny nach Genf (in

Prégny war Madame de Rothschild ebenfalls ausgegangen. Ich habe meinen Namen auf Constantins Visitenkarte für Mme d'Haussonville und Mme de Rothschild hinterlassen)«.[44] Es war für damalige Straßenverhältnisse eine recht lange Fahrt, die die drei unternommen hatten: 65 Kilometer trennen Evian von Coppet. Proust hatte sich auf diesen Ausflug vorbereitet und von einer Madame Cottin, die ebenfalls im Splendide residierte und ihm offenbar eine etwas ermüdende Gesellschaft war, den Band *Figures de femmes. Mme du Deffand, Mme d'Epinay, Mme Necker, Mme de Beaumont, Mme Récamier* (Paris 1889) des künftigen Staatspräsidenten Paul Deschanel ausgeliehen, »um etwas über Mme de Staël zu erfahren und besser von Coppet zu profitieren«[45], ein »stumpfsinniges, aber nützliches Buch«, wie er später schreibt. Coppet war der Besitz des Genfer Bankiers und letzten Finanzministers Ludwig XVI., Jacques Necker. Er hatte ihn seiner Tochter Germaine vermacht, die als Mme de Staël eine der bedeutendsten und einflussreichsten Intellektuellen und Schriftstellerinnen des späten 18., frühen 19. Jahrhunderts werden sollte. Mit ihrem Werk *De l'Allemagne* prägte sie auf Jahrzehnte hinaus das Deutschlandbild der Franzosen und bahnte der deutschen Literatur und Philosophie den Weg nach Frankreich. Von Napoleon aus Frankreich verwiesen, lebte sie, mit wenigen Unterbrechungen, ab 1804 im Schloss von Coppet am Genfer See, wo sich Vertreter der liberalen Opposition gegen Napoleon einfanden. Der Jurist und Historiker (ab 1904 Mitglied der Académie française) Comte Paul-Gabriel d'Haussonville war ein direkter Nachfahre der Familie Necker und bewohnte das Schloss in den Sommermonaten mit seiner Frau, der Comtesse Pauline d'Harcourt, die Proust im Briefverkehr mit seiner Mutter auch schon einmal recht hemdsärmelig nur »Pauline« nannte und der er offenbar am Genfer See nicht begegnen wollte (deren Pariser Salon er aber frequentierte). Der Baedeker *Suisse* (Paris und Leipzig 1898) weist den Donnerstag als Besuchstag in Coppet aus, und tatsächlich war der Tag des Ausflugs nach Coppet, der 21. September, ein Donnerstag.

Proust ist gewiss in späteren Jahren noch einmal nach Coppet zurückgekehrt, denn ausführlicher als im Brief an die Mutter äußert er sich Jahre später in seinem am 4. Januar 1904 im *Figaro* unter dem Pseudonym »Horatio« publizierten Artikel »Le Salon de la comtesse d'Haussonville«, der wohl während seines Evian-Aufenthalts im Herbst 1903 entstanden ist. »Es ist köstlich, an einem gedämpft goldenen Herbsttag in Coppet anzukommen, wenn die Weinberge golden über dem noch blauen See stehen, in diesem etwas kühlen Gemäuer aus dem 18. Jahrhundert, das historisch und doch lebendig ist …«, schreibt Proust dort – und es ist wenig wahrscheinlich, dass er einen solch goldenen Herbsttag gleich am 21. September 1899 erlebt hat, glaubt man seinen meteorologischen Notizen.[46] Es lohnt jedenfalls, diesen Artikel genau zu lesen, der mehr ist als nur eine mondäne Kür. Proust porträtiert hier vor allem den von ihm, trotz politischer Divergenzen, sehr geschätzten Historiker Comte d'Haussonville, der in Coppet in einem ganz besonderen Sinne zu Hause ist. Dies erläutert Proust an einer Anekdote: »Erzählt wird, dass einer unserer vornehmsten Aristokraten eines Tages einen Fremden sein Schloss besichtigen ließ und dieser ihm sagte: ›Das ist wunderbar, Sie besitzen wirklich staunenswerten Nippes.‹ Worauf der betroffene Schlossherr in eloquentem Ärger antwortete: ›Nippes! Nippes! Für *Sie* ist das Nippes! Für mich sind das Dinge aus meiner Familie.‹« Und Proust kommentiert: »Dort, wo der Reisende, der Coppet mit Cook in der Hand besichtigt, lediglich ein Möbel sieht, das Mme de Stäel gehört hat, findet Monsieur d'Haussonville den Sessel seiner Großmutter vor.« Und noch etwas weiter heißt es dann: »[Coppet] ist eine Kirche, die schon ein Denkmal ist, aber wo die Messe noch zelebriert wird [...]. Die Vergangenheit und die Gegenwart berühren sich.« Durch solche Sätze scheint schon Prousts Sorge um die wirklichen Kirchen hindurch, die Kathedralen, von denen er fürchtet, dass sie, sollte das 1903 (aber nicht 1899!) hart diskutierte Gesetz zur Trennung von Staat und Kirche verabschiedet werden, sie irgendwann nichts als tote Muschelgehäuse am Strand der Geschichte sein könnten, in denen nicht einmal mehr das Meeresrauschen zu vernehmen wäre. Coppet aber als historisches Gehäuse lebt noch. Im weiteren Verlauf des »Salons« besichtigt Proust noch ausführlich die Bibliothek in Coppet und macht an d'Haussonville

Der Politiker und Historiker Graf Paul-Gabriel d'Haussonville (1843-1924) war ein Nachfahre der Madame de Staël und hielt sich gerne in Coppet auf. Proust widmete ihm 1903 im Figaro *unter dem Pseudonym »Horatio« ein ausführliches Porträt.*

fest, was ihn am Adel faszinierte: die Idee der Dauer in der Zeit, inkarniert in einer Person. Er verzeiht d'Haussonville gar seine reaktionären Stellungnahmen und Engagements in der Dreyfus-Affäre und situiert Coppet abschließend auf der gesellschaftlichen Landkarte des Genfer Sees: »Die Princesse de Beauveau und die Comtesse de Briey kamen letzthin aus Lausanne zu Besuch, desgleichen die Comtesse de Pourtalès und die Comtesse de Talleyrand. Von Zeit zu Zeit hält sich der Duc de Chartres hier auf. Die Princesse de Brancovan, die Comtesse Mathieu de Noailles, die Princesse de Caraman-Chimay, die Princesse de Polignac kommen aus Amphion. Madame de Gontaut aus Montreux; die Baronne Adolphe de Rothschild aus Prégny [...]«. Lausanne, Amphion, Montreux, Prégny ...

Nach Prégny ging es im September 1899 im Anschluss an die Besichtigung von Coppet. Auch dort trafen die drei Ausflügler Proust, Constantin de Brancovan und Abel Hermant die Hausherrin, die Baronin Julie von Rothschild, nicht an. Sie hinterließen, das reichte damals als Akt der Höflichkeit, ihre Visitenkarten (wobei Proust offenbar keine hatte, musste er doch auf der Karte von Constantin de Brancovan mit unterschreiben). Das opulente Schloss der Rothschilds in Prégny war, wie schon gesehen, ein Gebäude jüngeren Datums, es stammte aus dem Jahre 1870, konnte nicht mit der Aura des Historischen aufwarten. Fast genau ein Jahr vor dem Besuch der drei Herren im Automobil, am 9. September 1898, hatte sich die Kai-

Schloss Prégny bei Genf, Besitz von Julie (1830-1907) und Adolph von Rothschild (1823-1900), Ziel der drei Ausflügler Constantin de Brancovan, Abel Hermant und Marcel Proust am 21. September 1899.

serin Elisabeth von Österreich-Ungarn, »Sissi«, auf Einladung der Rothschilds zum Mittagessen nach Prégny begeben. Das Angebot Julie von Rothschilds, sie auf ihrer Yacht nach Territet am anderen Ende des Sees zurückzubegleiten, schlug sie aus. Eine fatale Entscheidung, denn als »Sissi« sich am nächsten Tag inkognito auf dem normalen Liniendampfer einschiffen will, wird sie Opfer des tödlichen Attentats. Ob die drei Herren bei der Fahrt durch Genf am Quai du Montblanc einen Gedanken daran verschwendet haben?

Château de Coudrée

Neben der Villa Bassaraba lag ein anderes Zentrum des intellektuellen und künstlerischen Lebens in den Sommermonaten im Château de Coudrée in der Nähe der gut zwanzig Kilometer westlich von Evian gelegenen Ortschaft Sciez. Das quadratisch angelegte, noch heute mit seinen vier Ecktürmen festungsartig wirkende Château inmitten alter, hoher Bäume gleich am See hatte 1858 der Bankier der Société Générale und ehemalige Minister Napoleons III., Anatole Bartholoni, erworben. Auch dieses Schloss verfügte, wie die Villa Bassaraba, über eine eigene Yacht, die Marie-Thérèse, mit eigenem Hafen.[47] Animiert aber wurde das Leben im Schloss von seiner Frau Marie-Thérèse Fraser Frisell Lovat, einer ehemaligen Hofdame der Kaiserin Eugénie und Patentochter Châteaubriands, und den drei Töchtern »Kiki«, Jeanne und Marie, Comtesse de Bédoyère. Madame Anatole Bartholoni war ähnlich meloman, ähnlich exzentrisch mit ihren »hochrot gefärbten Haaren«[48] wie die Princesse de Brancovan und ebenfalls eine recht gute Pianistin, die zahlreiche Musiker und Schriftsteller, wie den äußerst produktiven, in Thonon als Rechtsanwalt ansässigen Autor Henry Bordeaux, in ihrem Haus empfing. Letzterem ist Proust dort mehrmals begegnet, und aus den Begegnungen entwickelte sich eine dauerhafte Korrespondenz. Marie de Chevilly erinnert sich an einen Besuch mit Marcel Proust in Coudrée, der vielleicht im

Eugénie »Kiki« Bartholoni (1873-1951).

Sommer 1900 stattgefunden hat. Eine alte Kutsche hatte Proust in Evian abgeholt und bis zum Familiensitz der Chevilly, dem Château de Montjoux bei Thonon, gebracht, das etwa auf halber Strecke lag. Von dort aus ging es weiter mit der Kutsche, was, wie Proust in einem Brief an seine Mutter vermerkt, extrem teuer war, weswegen er sich so selten bis Coudrée vorgewagt habe. Etwas billiger war es, wenn man bis Thonon die Eisenbahn nahm. In Coudrée, um auf Marie de Chevillys Erinnerungen zurückzukommen, begegnen Proust und die Geschwister Pierre und Marie de Chevilly dem Pianisten und Komponisten Léon Delafosse, der ein Konzert mit Stücken von Beethoven und Chopin einübt, und es entspinnt sich ein langes Gespräch über Literatur und Musik. Marie de Chevilly berichtet: »Während des Gesprächs konnte ich nicht umhin, den authentischen Stil des Zweiten Kaiserreichs im alten Coudrée zu bewundern, einen Stil, den es nicht mehr gibt und den nichts wieder beleben wird. Die alten bläulichen, ein wenig verblichenen Vorhänge, die großen Polstersessel mit ihren Fransen unten und überall, die Causeusen, die vertrauliche Gespräche begünstigten, der enorm große Puff [...], die Porträts von Napoléon III. und der Kaiserin Eugénie an den Wänden, die Damen in weit ausladenden Kleidern. Selbst der Tisch mit seiner bis auf den Boden fallenden Decke, auf dem die nachmittäglichen Erfrischungen bereits angerichtet hereingebracht wurden, hatte etwas von demselben altertümlichen Reiz und war

»… das Prestige einer Akademie, eines Tempels und eines Museums« (Anna de Noailles): Schloss Coudrée bei Sciez, Besitz der Familie Anatole Bartholoni.

Merkmal einer Klasse und einer Epoche.«[49] Proust soll sich laut Marie de Chevilly beeindruckt gezeigt haben von der »Harmonie zwischen der Schlossherrin und dem Rahmen, in dem sie für uns ihre Erinnerungen noch einmal hatte aufleben lassen …«. Auch Anna de Noailles, die als Nachbarin ebenfalls häufig in Coudrée zu Gast war, zeigte sich vom historischen Dekorum beeindruckt (dem man sich auch heute noch mit etwas Phantasie aussetzen kann): »Coudrée hatte das Prestige einer Akademie, eines Tempels und eines Museums.«[50]

Der savoyardische Kreis: Château de Maugny und Château Montjoux

Im Jahr 2014 publizierte der amerikanische Literaturwissenschaftler Rubén Gallo ein Buch über *Proust's Latin Americans*. In der französischen Übersetzung wurde aus der umfangreichen Studie ein *Proust latino*. Deutlich mehr Platz dürften *Proust's Rumanians* beanspruchen, die von den Brancovan und Bibesco ausgehend in höchste Pariser Adelskreise führen, wie die Noailles, die Montesquiou, die Caraman-Chevilly.[51] Einige Aufmerksamkeit aber darf auch der savoyardische Kreis beanspruchen, mit dem Proust nicht nur während seiner Aufenthalte am Genfer See in Kontakt stand, sondern, wie im Falle Clément de Maugny, bis zu seinem Lebensende. Die Ursprünge der sehr engen Freundschaft zu dem zwei Jahre jüngeren Clément de Maugny liegen im Dunkeln.[52] Es ist nicht ausgeschlossen, dass auch hier der erste Aufenthalt in der Villa Bassaraba 1893 den Anfang markiert. Andererseits hatte die Familie de Maugny Verbindungen zu Pariser Adelskreisen wie den de Ludre, bei denen auch Proust verkehrte. Aber wie auch immer: Kurz vor seiner zweiten Reise nach Evian widmete Proust Clément de Maugny ein Exemplar von *Les Plaisirs et les jours*: »Mein lieber Clément, unsere beiden Leben waren in diesen zwei Monaten so innig miteinander verwoben, dass Sie eine Art retrospektiven Besitzanspruch auf meine Gedanken und Phantasien aus meinen frühen Jah-

Prousts lebenslanger, aus savoyardischem Adel stammender Freund Clément de Maugny (1873-1944).

ren erworben haben, den ich Ihnen, wenigstens solange wir Freunde sind, nicht streitig zu machen gedenke. Mir scheint, dass dem so gastfreien Freund, dessen Haus mein Haus war, dessen Herz mein Vertrauter war, alles gehört, was mein ist. Es kommt vor, dass man einem Freund, der uns erst spät kennen gelernt hat, eine Photographie zeigt, auf der man noch ein Kind ist. So steht es auch mit diesem Buch, das Ihnen einen Marcel zeigt, den Sie nicht gekannt haben. Darf ich es überhaupt gestehen? Sie, der Sie mich leidend gesehen haben, ohne es mir gegenüber je an Takt oder an ebenso seltener Herzensgüte fehlen zu lassen, Sie haben jene Traurigkeit entstehen und sich wieder verflüchtigen gesehen, die Ihnen von denjenigen, die ich hier festzuhalten versucht habe, nicht sehr verschieden erscheinen werden. Was uns zum Weinen bringt, ändert sich, aber die Tränen bleiben sich ähnlich [...]. Gott allein weiß, ob sich unsere Wege von nun an trennen werden ...«[53] Es ist eine immens lange Widmung, die im Exemplar selbst, auf der Seite 198 über dem Kapitel »Amitié«, noch eine Fortsetzung findet: »Während ich diese Seite noch einmal lese, entdecke ich zwischen ihr und unserer Freundschaft eine Art präetablierter Harmonie ...« Die Widmung gibt viele ungelöste Rätsel auf: Auf welche frühen Leiden spielt Proust hier an? Auf welchen Trost? Und warum sollen sich die Wege jetzt trennen? Fest steht, dass Proust schon kurz nach seiner Ankunft in Evian im Jahre 1899, also nur zwei Monate später, Clément de Maugny besucht hat, dass dieser ihn im Hotel besucht, dort sogar die Nacht verbracht hat, dass sie beide am Genfer See gemeinsam andere Bekannte und Freunde wie die Brancovan oder Pierre d'Humilly de Chevilly getroffen haben. In Prousts Briefen an de Maugny wird der intime, ja geradezu zärtliche Tonfall Bestand haben. Auch weitere Widmungsexemplare aus dem Besitz de Maugnys, wie etwa die unmittelbar nach Prousts Aufenthalt im Herbst 1899 in Angriff genommene Übersetzung der *Bible d'Amiens,* zeugen noch von einer innigen Freundschaft, deren frühe Spuren womöglich von Clément de Maugny selbst verwischt worden sind. Es sind bis auf den heutigen Tag keine Briefe aus den Anfangsjahren der Freundschaft aufgetaucht. »Für Clément de Maugny. Als Zeugnis meiner dankbaren, unvergänglichen, tiefen und zarten Gefühle, Marcel Proust« steht 1904 im Exemplar der *Bible d'Amiens* zu lesen. Und als es Maugny in Folge der durch den Ersten Weltkrieg erlittenen Verluste materiell sehr schlecht geht, verwendet sich Proust bei anderen Freunden für ihn, wie dem jungen Diplomaten und angehenden Erfolgsautor Paul Morand. Noch im Mai 1922, ein halbes Jahr vor seinem Tod, schreibt er ihm von Freunden wie dem »armen Comte de Maugny«, die sich »jede Nacht fragen, wovon sie am nächsten Tag leben sollen«. Und weiter: »Maugny, den ich kenne, den ich liebe, dessen Frau, ein Engel [...], sechs Sprachen spricht und doch keine Stelle beim Völkerbund finden kann.«[54] Es ist dies das letzte, aber bei weitem nicht das erste Mal, dass Proust sich um den finanziell in unsicheren Verhältnissen lebenden Freund sorgt. Proust fragt die Mutter in einem Brief vom Ende September 1899: »Glaubst Du, dass Mademoiselle Gomel [Tochter eines wohlhabenden Financiers, Anm. d. Vf.] Lust hätte, Maugny zu heiraten, den Sohn eines Ministers und Mitglieds des Jockey-Clubs, Neffe und Lieblingskind von Monsieur de Ludre, Jockey-Club […]? Hübscher und guter Junge, keineswegs Schürzenjäger. Keinerlei Vermögen, glaube ich …«. Clément de Maugny wird drei Jahre später die richtige Frau finden. Am 9. Juni 1902 heiratet er in Nizza eine junge Deutsche, Rita Busse, Tochter des Berliner Bankiers Gustav Traugott Busse und der aus Litauen stammenden Ludwika von Swirtum, die über Besitzungen in Schlesien verfügte. Rita sorgt offenbar für finanzielle und emotionale Stabilität im Leben Clément de Maugnys. Im Januar 1903 schreibt Proust ihr einen längeren Brief: »Madame, ich weiß nicht, wie ich Ihnen für die zauberhafte Idee, mir einen kleinen Brief zu schreiben, danken soll: Er hat mir ein unendliches Vergnügen bereitet. Es wird mir nicht möglich sein, in Maugny zu wohnen, aber ich könnte mich im Prinzip beispielsweise in Thonon einmieten und Sie jeden Tag besuchen kommen. Nun ist es leider so, dass ein vermaledeites Buch [hier geht es um die *Bible d'Amiens,* Anm. d. Vf.], das zum 1. Februar abzugeben ich versprochen habe, sich wegen der Hochzeit meines Bruders verzögert und mich dazu zwingt, noch fast einen Monat länger zu arbeiten und die Bibliotheken zu besuchen. Außerdem

Cher Clément

Tu es mille et mille fois gentil en m'envoyant tes vœux. Je fais tous les miens du fond de l'âme pour votre double bonheur. Tu ne m'as pas répondu cet été, j'avais fait venir quelqu'un des affaires étrangères pour qu'il s'occupe de la question de la succession de ta

Noch in einem Brief vom Januar 1922 an Clément de Maugny erinnert sich Proust an die »rosigen Lichtreflexe, den Sonnenuntergang in der Nähe jenes Montblanc, wo ich dich am Abend so gerne besuchte ...«

kommt einer meiner besten Freunde [es handelt sich um Antoine Bibesco, Anm. d. Vf.], der seine Mutter verloren hat, zurück, um bei mir etwas Trost zu finden, und ich kann ihn nicht im Stich lassen. Erlauben Sie mir dennoch, Ihnen in ganz einfachen Worten zu sagen, wie sehr ich mir wünsche, Sie kennenzulernen! Weil Sie Clément, der bislang so unstet war, beruhigen konnten, weil Sie Clément, der von Natur aus melancholisch ist, glücklich gemacht haben [...], weil Sie ihm die Lust an einem ernsthaften und steten Leben eingegeben haben, ihm, dessen Geist so flatterhaft war, müssen Sie eine ganz bezaubernde Person sein. Das sagt zwar alle Welt, aber ich würde mich gerne selbst davon überzeugen. Dieser Besuch in Maugny wäre für mich ein schöner Traum, in diesem Maugny, wo ich Clément nur inmitten von Einsamkeit und Tristesse erlebt habe, und das Sie wie eine Märchenfee wieder zum Blühen gebracht, wieder verjüngt und verzaubert haben ...«[55]. In der Tat konnte Rita dank ihrer Mitgift und ihres offenbar sehr sozialen und zupackenden Temperaments das alte Château de Maugny, den ursprünglichen Familiensitz im gleichnamigen Dorf im hügeligen Hinterland von Thonon, das in Berichten von Zeitzeugen als düster dargestellt wird, wieder wohnlich gestalten. Marie de Chevilly erinnerte sich an die großen Wälder in der Nachbarschaft, die alten hohen Bäume, die dem Ganzen den Zauber eines Dornröschenschlosses verliehen hätten. Im Inneren: schlicht möblierte Salons, denen es wie zu Zeiten der »alten Comtesse de Maugny

Die in Berlin als Tochter eines Bankiers geborene Rita Busse (1878-1937), seit 1902 Comtesse de Maugny.

und des Vaters nicht an Würde und Noblesse gebrach«. Schöne Bücher in ihren alten Bindungen, Louis-Philippe-Sessel, Konsolen aus Marmor, Möbel, Bilder, »die allesamt wie Souvenirs und hehre Erbstücke wirkten, und einige geschmackvolle Nippsachen, für die Rita gesorgt hatte«[56]. Clément hatte sich dorthin zurückziehen müssen, nachdem er in Folge von Erbstreitigkeiten das nur wenige Kilometer entfernte »Château de Lauzenette« genannte Gut in Allinges (mit Blick hinunter auf den See), das seine Mutter erworben hatte, verlassen musste. Proust kannte das Château de Maugny, »le château lugubre«, das finstere Schloss wie in Gautiers *Capitaine Fracasse* (der lange und nicht unbeschwerliche Weg dorthin hielt die Anzahl der Besuche gewiss in Grenzen), ob ihm die »Lauzenette« ebenfalls bekannt war, ist nicht eruierbar.

Clément de Maugny war, wie der gemeinsame Freund Pierre d'Humilly de Chevilly, Spross einer alten savoyardischen Adelsfamilie. Sein Vater, Charles-Albert de Maugny, entstammte einer Familie von Militärs, er selbst hatte es bis zum Ordonanzoffizier Vittorio Emanueles II. gebracht und sich im Moment des Anschlusses Savoyens an das französische Kaiserreich Napoleons III. aus offenbar ideologischen Gründen (er stand der liberalen, vom savoyardischen Könighaus begünstigten Einigungsbewegung in Italien ablehnend gegenüber) für Frankreich entschieden, wo sich ihm eine glänzende Karriere als Politiker und Diplomat eröffnete. Auch Clément de Maugny schlägt nach Studienjahren in Paris eine militärische Laufbahn ein, zumindest meldet er sich freiwillig zum Dienst und hält sich von 1893 bis 1897 fast ständig in Algerien auf als Mitglied des 2. Afrikanischen Feldjägerregiments.

Die durch das Vermögen Rita Busses ermöglichte Stabilisierung hielt indes, wie Prousts Bemühungen um die Freunde noch im Jahre 1922 zeigen, nur bis zum Ersten Weltkrieg. Rita de Maugny machte sich die ganze Kriegsdauer über als Krankenschwester in französischen Lazaretten verdient (was ihr 1920 mit der Bronzemedaille des von Poincaré gegründeten Ordens der »Renaissance française« gedankt wurde), die Grundlage des Reichtums ihrer Familie war indes zerstört: Die Ländereien mütterlicherseits gingen verloren, die Bank des Vaters war ruiniert.

Auch Pierre d'Humilly de Chevilly, der als Diplomat Karriere machen sollte (und unter anderem am Konsulat in Düsseldorf wirkte), entstammt, wie schon gesagt, altem savoyardischem Adel, der sich 1860 für den Anschluss an Frankreich entschieden hatte. Die Freundschaft mit Proust hatte Clément de Maugny gestiftet. Pierres Vater war unter dem Königshaus Piemont-Sardinien Mitglied der ruhmreichen »Brigade savoyarde« gewesen, dann in die französische Armee des Zweiten Kaiserreichs integriert worden und hatte sich 1870 noch gegen die Preußen geschlagen. Die Chevilly bewohnten das Schloss Montjoux bei Thonon, das, umgeben von einem Park, gleich am See lag (und liegt). Wie Pierres Schwester Marie sich erinnert, war Proust auch dort zuweilen Gast, indem er die alte Pferdekutsche eines Herrn Brelaz benutzte. Der Vater der Geschwister Chevilly war nicht nur, im Gegensatz zu Pierre, den das Urteil von Rennes »krank machte«[58], ein Anti-Dreyfusard, er war auch ein militanter Antisemit, der sich an Edouard Drumonts 1892 gegründetem Hetzblatt *La Libre Parole* delektierte. Prousts jüdische Mutter und sein Engagement als Dreyfusard ließen es den Geschwistern geraten sein, den Freund erst im Sommer »danach« (also 1900 oder 1901?) einzuladen. Ganz schlüssig ist das nicht, denn Proust berichtet seiner Mutter Mitte September 1899 mokant, den alten Comte Marius de Chevilly in Montjoux getroffen zu haben. »Es sind wohl viele Juden im Splendide«, soll er gesagt und Proust aufgefordert haben, im nächsten Jahr besser nach Thonon zu ziehen, wo es »französischer, weniger kosmopolitisch« zugehe. Aber möglicherweise liegen die Einladung zum Essen im Schloss Montjoux und die erste Begegnung Prousts mit dem alten Chevilly ja tatsächlich ein oder zwei Jahre auseinander. Dadurch, dass Proust den Comte Marius de Chevilly gleich auf seine Zeit in den »Brigades savoyardes« ansprach, entspannte sich die Atmosphäre beim Essen rasch.

Eine andere Erinnerung Marie de Chevillys betrifft einen gemeinsamen Ausflug mit Proust hoch nach Maugny, der im Jahre 1903 stattgefunden haben muss. Irritierend daran sind die Präzision und ein Detailreichtum – die eben zitierte Beschreibung des Intérieurs im Dornröschenschloss findet sich in den Erinnerungen an den Besuch –, die Marie de Chevillys Bericht äußerst glaubwürdig machen. Jedoch steht er in direktem Widerspruch zu Aussagen Prousts. Irrt sich Proust? Marie de Chevilly ist der Besuch wegen eines heiklen Moments in Erinnerung geblieben: Rita, die zu diesem Zeitpunkt erst seit einem Jahr den Namen de Maugny trug, hatte ein Talent als Karikaturistin, dem ihr stolzer Ehemann zu Publizität mittels einer Buchveröffentlichung helfen wollte. Die Karikaturen, die heute zum großen Teil in den Archives départementales de la Haute-Savoie aufbewahrt werden, zielten auf Politiker, andere Prominente wie auch Freunde und Familienmitglieder. Proust sollte, so Clément de Maugny laut Marie de Chevilly, nach einem Verlag suchen und ein Vorwort schreiben. Allein, Proust gefielen diese Karikaturen nicht, er glaubte auch nicht, dass sie den französischen Publikumsgeschmack trafen. Die Situation drohte aufgrund von Prousts windungsreichen Ausflüchten unangenehm zu werden, doch soll, so immer noch Marie de Chevilly, Rita mit ihrem sorglosen Charme die Lage entspannt haben, nachdem Proust sich die Werke angeschaut hatte. Sie kam bei dieser Gelegenheit auf das Thema einer Publikation angeblich nicht zu sprechen. Tatsächlich lässt sich Proust noch jahrelang von Clément bitten, bis er endlich Ritas Karikaturen mit einem Vorwort versieht – das natürlich kein Vorwort ist, sondern ein Brief, in dem er es schafft, nicht auf die Karikaturen einzugehen. Problematisch an der Geschichte ist allerdings, dass Proust sein Leben lang bedauert hat, Rita niemals begegnet zu sein …

Eine weitere Verbindung, die aus dem savoyardischen Kreis hervorgegangen ist, ist die zu François d'Oncieu, der in jungen Jahren Hausgenosse der Maugny im Château de Lauzenette war. Auch bei ihm, mit ganzem Namen Comte François d'Oncieu de la Bâtie, handelt es sich um alten und verarmten savoyardischen Adel. Proust rekrutiert ihn gleich nach seinem Evian-Aufenthalt im Jahre 1899, in dessen Verlauf er Ruskin entdeckt, als Mitarbeiter für seine Ruskinübersetzung. »Ich bin dem treuen und verständnisvollen d'Oncieu wiederbegegnet«, schreibt Proust nach der Rückkehr aus Evian am 13. Oktober an Pierre d'Humilly de Chevilly, »er hat die Güte, meinen Schritten zu folgen, die ihn nur in so noble Orte wie die Bibliothèque Nationale führen.« D'Oncieu, der erst fünfunddreißigjährig im Jahre 1906 versterben sollte, hilft Proust bei der Lektüre der englischen Originale. Eine Woche später meldet Proust dem Freund in Thonon, den er mit allerlei Grüßen an die Gesellschaft am See beauftragt, dass d'Oncieu jeden Tag bei ihm vorbeischaue. Eine intensive Zusammenarbeit, in die auch Madame Proust eingespannt wird. »Les années Ruskin« sind definitif »années Evian«.

Der von Proust mit einem »Vorwort« versehene Band mit Karikaturen von Rita de Maugny aus den französischen Feldlazaretten des Ersten Weltkriegs, in denen sie als Krankenschwester gedient hatte.

Eine Hochzeit
Die Villa La Sapinière

Am 16. September 1899 berichtet Proust seiner Mutter noch um drei Uhr morgens von einigem Auftrieb, der im Hotel erwartet wird. Der Grund: die »Hochzeit Vitta«, die einen ganzen »Schwarm von Constant Halphen« anziehen wird, und das, so Proust, behage ihm gar nicht. Einen Tag später vermeldet er die Ankunft des »Syndikats« der Hochzeit Vitta: Adolphe Oppenheim zum Beispiel, den sein Bruder Robert wohl kenne und der sich schon in Sankt Moritz danebenbenommen habe; der Witwer einer Rothschild; und »zentnerweise« Alphens (sic!). Lauter Namen jüdischer Familien. Constant Halphen war Sohn des Bürgermeisters des 2. Pariser Arrondissements und Bruder des Sekretärs des Israelitischen Konsistoriums. Prousts Distanznahme verwundert auch hier: Jüdische Hotelgesellschaft wird Proust späterhin in der *Recherche*, im Grand Hôtel zu Balbec und am normannischen Strand, reichlich karikatural darstellen (in Gestalt etwa der Familie des Freundes Bloch). Die Skepsis des vollständig Assimilierten? Andererseits hat Proust sich zwei Tage zuvor noch gegen die antisemitische Äußerung des Comte Marius de Maugny verwahrt, der unterstellte, im Splendide Hôtel seien wohl (zu) viele Juden. Wie auch immer: Hier will er, wie er schreibt, vor dieser Gesellschaft fliehen, da er bei den »Feierlichkeiten der Hochzeit Vitta« nicht dazugehöre. Nach Coppet. »Diese

Dinge, die sich am See sehr hübsch ausmachen, wenn man ›dazugehört‹, sind niederschmetternd, wenn alle Welt dorthin geht, und man selbst als Einziger nicht.«[59] Spricht da am Ende nur verletzte Eitelkeit? Nach Coppet wird Proust am Tag der Hochzeit, dem 18. September, dann doch nicht fahren. Wir wissen nicht, was er an diesem Tag tatsächlich unternommen hat. Allerdings figuriert sein Name im *Figaro*, der am 21. September von dem gesellschaftlichen Ereignis der Hochzeit berichtet, unter den Anwesenden. »Das müssen die Vitta gewesen sein«, empört er sich, »oder Pateck«! Aber warum sollte sich die Familie des Barons Vitta mit dem Namen des nun um diese Zeit nicht gerade bedeutenden Marcel Proust schmücken wollen? Und aus welchem Grund sollte ausgerechnet der Sohn des bespöttelten Uhrmachers, Pateck (sic), der selbst in den Stand eines Grafen erhoben worden war und mit dem Proust keinen engeren Umgang hatte, seinen Namen weitergeben? Das sei ihm peinlich, schreibt Proust der Mutter, denn jetzt glaube alle Welt, er habe Teil an den Mondänitäten, die er bislang alle geflohen habe …

Sollte Proust sich doch der Hochzeitsgesellschaft Vitta angeschlossen haben, dann hätte er ein soeben fertiggestelltes Juwel von Belle-Époque-Eleganz besichtigen können. Die Hochzeit von Fanny Vitta, Tochter des Barons Joseph Vitta, mit dem bedeutenden Afrika-Forscher Édouard Foà wurde in der Villa La Sapinière gleich am Seeufer unterhalb der Straße nach Thonon (und also nicht weit entfernt von der Villa Bassaraba) gefeiert. Jonas Vitta, der Großvater der Braut, den Vittorio Emanuele I, der König von Sardinien und Herzog von Savoyen, in den Stand eines Barons erhoben hatte (also abermals savoyardischer Adel), hatte den Bau 1892 in Auftrag gegeben – und war kurz darauf verstorben. Sein Sohn, der Bankier Joseph Vitta, übernahm das Projekt, das erst kurz vor der Hochzeit fertiggestellt wurde. Architekt dieses Neo-Renaissance-Schlosses (mit deutlicher Anspielung an die Villa Medici in Rom in Gestalt eines schlanken Glockentürmchens) war Jean-Camille Formigé. Kein Unbekannter seiner Zunft. Ihm verdankte Paris zwei Weltausstellungspavillons und die Gestaltung einiger Plätze. Mit der Gestaltung des Vestibüls war kein Geringerer als Auguste Rodin beauftragt worden, und der diversen Salons, u. a. ein opulenter Billardsaal, hatten sich Künstler und Dekorateure wie Albert Besnard, Jules Chéret (der auch das Dekor für die Salons des Pariser Rathauses gestalten sollte) und Alexandre Charpentier angenommen. In die Renaissance-Schatulle (die Fassaden schmücken Medaillons im Stile Andrea della Robbias und zahlreiche Basreliefs) hatten sie ein Juwel des Jugendstils platziert. Fanny Vitta vermachte, die mäzenatische Tradition der Familie fortsetzend, die Villa 1947 einem Verein[60], der sich um die Integration Behinderter kümmert und hier seither seine Ausbildungsstätten unterhält. An wenigen Tagen im Jahr kann man hier noch in ein Proust'sches Dekor am See eintauchen.

Der Bankier und Kunstsammler Joseph Vitta, hier porträtiert von Jules Chéret, einem der Künstler, die er mit der Ausstattung seiner prunkvollen Villa »La Sapinière« in Evian beauftragt hatte.

»DIE BERGE MIT DEN AUGEN DIESES GROSSEN MANNES SEHEN.«

Ein Ausflug ins Montblanc-Massiv

Anfang Oktober 1899 neigt sich die Saison in Evian ihrem Ende zu. Die Hotels schließen eines nach dem anderen, Proust sucht mit dem Direktor des Splendide, Monsieur de Ferrière, eine Verlängerung seines Aufenthalts auszuhandeln, das Personal zieht weiter Richtung Süden, an die Côte d'Azur, nach Nizza, wo die Wintersaison beginnt. Proust steht der Sinn nicht nach Heimkehr, im Gegenteil, er träumt von weiteren Reisen. Offenbar ist sein Gesundheitszustand durch den Aufenthalt in Evian so weit wiederhergestellt, dass er weder Angst vor Höhenluft hat – er denkt an eine Weiterfahrt nach Zermatt, nach Chamonix oder zu den Rochers de Naye im Hinterland von Montreux – noch vor dem zunehmend feuchten Klima der oberitalienischen Seen, dem Lago Maggiore zum Beispiel, wie er der Mutter darlegt[61] (auch wenn er Montreux, wo es nur Lungenkranke geben soll, und Vevey – lauter Asthmatiker! – für eher gefährlich hält). Es könnte auch Lugano sein. Und ob die Mutter sich erkundigen könne, wie die sanitäre Situation in Venedig oder Rom aussehe. Diese Städte würden ihn in Italien am meisten interessieren, nach Florenz ziehe ihn zurzeit nichts. Er wolle sich, auch

»… über den Gotthard gefahren und Venedig gesehen …«
William Turner, Die Teufelsbrücke am St. Gotthard, *um 1803/1804.*

wenn es Geld koste, auch wenn er die Tristesse der Einsamkeit, die Melancholie der Ortsveränderung ohne den hilfreichen Arm von Freunden aushalten müsse, er wolle sich doch sagen können, dass er »den Comer See gesehen habe, über den Gotthard gefahren sei, Venedig gesehen habe«[62], über Fabrice' Gestade gewandelt sei, wie er an anderer Stelle in Anspielung auf Stendhals Held Fabrizio del Dongo aus der »Kartause von Parma« sagt. Eine »einsame« Reise wird Proust nicht ernsthaft in Erwägung gezogen haben, er suchte ganz offenbar (und wohl ohne Erfolg) nach Begleitern. Wieder zurück in Paris, schreibt er am 13. Oktober an den Freund Pierre de Chevilly: »Ich denke oft an unsere geplanten Seen, an unsere versprochenen Gletscher, an unsere chimärische Lombardei, und ich träume von den Reisen, die ich nicht unternommen habe, was eine Art ist, sie doch zu machen …«[63] Die Reiseziele, die Proust vorschweben, die Träume, die »Chimären« verraten eine gemeinsame Herkunft: die Lektüre John Ruskins, den Proust in Evian studiert und mit dessen Übersetzung, d. h. der *Bible d'Amiens*, er gleich nach seiner Rückkehr in Paris beginnen wird. Die Mutter bittet er noch am 2. Oktober, ihm Robert de La Sizerannes *Ruskin et la religion de la beauté* zu schicken, »um die Berge mit den Augen dieses großen Mannes zu sehen«. Ruskin lehrte ihn nicht nur die Steine von Venedig zu deuten (das er ein Jahr später gleich zweimal besuchen wird: einmal mit der Mutter im Mai und ein zweites Mal allein (?), wohl nach Zwischenhalt in Evian,

John Ruskin, La mer de glace, *Chamonix, 1849.*

im Herbst), Ruskin lehrte ihn nicht nur die großen gotischen Kathedralen Nordfrankreichs zu »lesen« und zu lieben, Ruskin lehrte ihn auch die Berge, die Alpen, diese »Kathedralen der Erde«, zu sehen, so Robert de La Sizeranne in seiner Studie über Ruskin.[64] Der Genfer See, Chamonix mit dem Montblanc-Massiv, andere Alpengipfel und -seen wie der Lac d'Annecy, das alles waren Pilgerstätten, waren geradezu kultische Orte für Ruskins Naturanschauung. Als begnadeter Aquarellist hat er sie auch zeichnerisch in einem umfangreichen Werk verewigt. Ist Prousts frühe, zuletzt auch von Jean-Yves Tadié betonte Vorliebe für dramatische Meereslandschaften[65] womöglich durch Ruskins Blick auf die Alpen konfiguriert? Im *Jean Santeuil*-Fragment findet sich die Schilderung eines Sturms an der Pointe de Penmarc'h im bretonischen Finistère: »Wie am

Anfang der Welt nach einem Kampf der Götter sah Jean, wie sich alle Kämme der Alpen aufbäumten, jeder suchte seinen Platz, ein anderer Gipfel ragte auf, kolossal, aber ruhig, und dazwischen so breite und tiefe Täler, dass man von der majestätischen weißen Höhe der Gipfel aus keinen Menschen hätte erkennen können. Die Sonne, die gerade herauskam, ließ die Gletscher der Gipfel und die großartigen Wasserstürze blendend hell erstrahlen ...«[66] Ist Proust da am bretonischen Meer oder steht er nicht eher vor jenem anderen Meer, dem »mer de glace«, dem Meer aus Eis bei Montenvers im Montblanc-Massiv, das er im September 1903 mit den neuen Freunden Louis d'Albuféra und dessen Geliebter Louisa de Mornand be-

The wave *(1885), Die Welle, von Thomas Alexander Harrison. Proust und Reynaldo Hahn waren dem amerikanischen Maler zahlreicher Seestücke 1895 im bretonischen Beg-Meil begegnet. Er hatte beiden von den Stürmen an der »Pointe de Penmarc'h« vorgeschwärmt.*

sichtigt? Proust hat immer behauptet, einen solchen Sturm an der Landspitze von Penmarc'h 1895 gesehen zu haben, als er mit Reynaldo Hahn die Bretagne bereiste. Gewisse Zweifel daran sind berechtigt, denn es war kaum möglich, den Ausflug von Beg-Meil nach Penmarc'h an einem einzigen Tag durchzuführen. Zudem verrät diese Beschreibung auch stilistisch – man denke an Ruskins Beschreibungen von Stürmen, etwa auf einem Gemälde William Turners – die Herkunft aus der Welt des »großen Mannes«.

Aus nächster Nähe sah Proust, nach dem Aufenthalt im Engadin 1893, die Alpengipfel mithin erst 1903 wieder, bei seinem vorletzten Aufenthalt in Evian. Zu diesem Zeitpunkt ist er schon tief eingetaucht in Ruskins Werk, hat dem im Jahre 1900 verstorbenen englischen »maître à penser« eine Reihe von Studien gewidmet und diese veröffentlicht. Von dem Ausflug nach Chamonix und Montenvers findet sich indes kaum eine Spur in seiner Korrespondenz. Im August 1906 erinnert er sich in einem Brief an Robert de Billy: »Sie dürften sich gerade auf diesen wunderbaren Bergwanderungen befinden, die die größte Freude im Leben John Ruskins waren [...]. Vor drei Jahren bin ich auf Eselsrücken mit Louisa und Albu, der natürlich noch nicht verheiratet war, nach Montanvert (sic) hochgestiegen und über das ›mer de glace‹ gewandert. Werde ich zumindest das noch einmal tun?«[67] Und an Louisa de Mornand schreibt er, wieder in Paris, einen Monat nach der Expedition: »Ich hatte einen Anfall, der noch viel stärker war als den, den Sie bei unserer Rückkehr aus Chamouni (sic) so liebenswert behandelt haben...«[68] Ausflüge auf Eselsrücken hoch nach Montenvers gehörten zum festen Programm des Alpentourismus um 1900 (und auch schon zuvor). Sie sind auf zahlreichen Stichen und Bildpostkarten dokumentiert. Man findet auch noch die Preislisten für »Guides« und die Esel. Allerdings ist der Weg von Evian bis zur Talstation von Montenvers sehr weit: fast 120 Kilometer. Die Autoren der schon mehrfach zitierten Doku-

»… diese wunderbaren Bergwanderungen, die die größte Freude im Leben Ruskins waren.« John Everett Millais porträtierte John Ruskin 1853/54 in gebirgiger Natur.

mentation über *Marcel Proust, Clément Maugny et le Chablais* haben eruiert, dass, wenn man um 6 Uhr morgens in Evian mit der Bahn aufbrach (keine sehr Proust'sche Zeit!), um 11 Uhr in Chamonix sein konnte. Aber dann war man noch nicht auf Eselsrücken hochgestiegen zum »mer de glace« – immerhin 900 Meter Höhenunterschied waren da zu überwinden – und auch noch nicht wieder abgestiegen, um zurück nach Evian zu fahren. Haben die drei Bergsteiger womöglich in der 1880 eröffneten Hütte von Montenvers übernachtet, einem Bau aus Granitstein?

Zurück in Paris, taucht Proust wieder in seine Arbeit über John Ruskin ein. Beim nächsten Aufenthalt in Evian im September 1905 wird der Vater Adrien Proust schon zwei Jahre tot sein – und das Sterben der Mutter beginnen. Die »années Ruskin« und die »années Evian« gehen zu Ende. Wie sich überhaupt das gesellschaftliche Leben, das Proust am Genfer See gekannt und geschätzt hat, langsam zurückzieht. Im Schloss von Coudrée verkehren nach dem Tod von Anatole Bartholoni im Jahre 1902 nur noch dessen Angehörige. Die Princesse de Brancovan verlegt ihre Sommerfrische nach Houlgate, in Sichtweite von Cabourg, und vermietet ab 1905 im Sommer die Villa Bassaraba. Anna de Noailles, die Proust im Jahre 1903 nur knapp verpasst (stattdessen gibt er sich in der Villa Bassaraba mit seinem Schriftstellerkollegen – und Annas Geliebtem – Maurice Barrès zufrieden, der politisch sein absolutes Ge-

Der große und spektakuläre Gletscher des »mer de glace«, des »Meeres aus Eis«, im Montblanc-Massiv war schon Mitte des 19. Jahrhunderts ein beliebtes Ziel des frühen Alpentourismus.

genteil ist), wird nur noch einmal in die Villa zurückkehren, im Jahre 1910. Auch Julie von Rothschild zieht sich nach dem Tod ihres Mannes Adolph im Jahre 1900 aus dem Château de Prégny langsam zurück in eine kleinere Villa. Nicht nur für Proust neigt sich eine Epoche ihrem Ende zu.

»... ZU DIESER STUNDE WIRKT DER SEE FAST WIE DAS MEER ...«

Mémoire involontaire *am Genfer See*

In den Fragmenten zum *Jean Santeuil* findet sich ein Passus, der, im Arrangement der Textbausteine, das Bernard de Fallois vorgeschlagen hat, leicht übersehen wird[69]. Vorgestellt wird dort ein recht mutloser, am Sinn seines Lebens, seiner Wahrheitssuche, seines eventuellen Künstlertums zweifelnder Jean Santeuil, der sich der Vergangenheit zu vergewissern sucht, dieser aber in ihrer Essenz nicht habhaft werden kann:

»[...] der Geist mag suchen, das Auge sich öffnen, es scheint dennoch, dass nicht sie es sind, die einen ästhetischen Genuss empfinden können. Ist es das Gedächtnis? Nein. Im nächsten Jahr suchte Jean sich dieser Spazierfahrten [am Meer, Anm. d. Vf.] zu erinnern und sie zu beschreiben, doch er fand kein Vergnügen daran. Nein, dazu war nötig, dass er eines Tages, nach recht langer Zeit vielleicht, um den Zauber eines Gartens zu erforschen, sich begierig in den Anblick der Rosen, der Zinnien, des Buchsbaums und der Geranien vertiefte, eines Tages, an dem er, da er solche Blumen gern gesehen, sie aber nirgends gefunden hatte, woraufhin der Tag ihm verloren erschienen war, Madame d'Alériouvres anspannen und ihn in einen Thermalort in der Nähe von Genf fahren ließ. Er ist untröstlich darüber, sein Tag ist verloren. Unterdessen zieht der Einspänner an, das Pferd trabt los. Es ist Spätnachmittag, die Zeit, da man in Réveillon zum Spaziergang aufbrach. Das Pferd trabt, die Luft ist recht frisch, die Dörfer, durch die man kommt, schauen einen mit den Augen der Bewohner auf den Türschwellen an, und die Kapelle schaut, ohne zu sehen, aus ihrer besonnten Mauer heraus. Aber all das bereitet ihm nur Vergnügen, ohne ihn an etwas zu erinnern, als hinter den Feldern der Genfer See in seiner ganzen Länge erscheint, in jener Vier-Uhr-Ruhe, in der die Kielwasserspuren sich strecken und verknoten wie lange weiße Fäden auf dem Meer, Spuren des Lebens, schön wie der Schatten, der die Augen umzieht, oder wie Lockengewirr. Merkwürdig ist auch dieses Bild eines jeden Gewässers, das die untergehende Sonne derart empfänglich noch für die zartesten Linien macht, die die scheinbar in ihrem Lauf innehaltenden Boote einzeichnen [...]. Als er dieses Meer nun so vor sich sieht (zu dieser Stunde wirkt der See fast wie das Meer), hat Jean sich am Ende des Weges, über den der rasche Trab des Pferdes ihn trägt, plötzlich erinnert. Und jetzt sieht er die Schönheit, empfindet er den Zauber jenes Meeres von ehedem, das nun hier vor ihm liegt. Und mit einem Mal kommt ihm das ganze Leben, das er da unten geführt und das er bislang für unnütz und ungenutzt gehalten hat, zauberhaft und schön vor, und das Herz wird ihm weit bei dem Gedanken an jene Heimfahrten nach Réveillon, bei Sonnenuntergang, mit dem Meer vor Augen.

Was mag das sein, was er jetzt zwischen dem See und sich verspürt, was aber damals zwischen dem Meer und ihm nicht bestanden hat und was es auch zwischen dem See und ihm nicht geben würde, wäre es nicht damals in dieser Weise am Meer gewesen? Ist es so, dass die Schönheit, das Glück für den Dichter in jener unsichtbaren Substanz begriffen liegen, die man Phantasie nennen, die man nicht auf die gegenwärtige Wirklichkeit und auch nicht auf die vergangene, vom Gedächtnis uns überlieferte Wirklichkeit anwenden kann, sondern die einzig jene vergangene Wirklichkeit umschwebt, die in eine gegenwärtige Wirklichkeit eingegangen ist? [...]«.

Dieser Text bietet nicht nur eine kleine Vedute von Booten auf dem Genfer See im Licht des späten Nachmittags, er lässt sich nicht nur als Reminiszenz auf Prousts Spazierfahrten am Genfer See entlang lesen, er belegt auch, dass Proust mit *Jean Santeuil* in Evian, wo dieser Passus möglicherweise zwischen 1899 und 1903 entstanden ist, noch längst nicht abgeschlossen hatte. Und er belegt zudem, dass Proust hier bereits mit Formulierungen, Einkleidungen, Bildern, narrativen Mustern experimentierte, in die er das Erlebnis der *mémoire involontaire* fassen konnte. Das, was die unfreiwillige Erinnerung bewirkt, wie sie funktioniert und vor allem: warum sie funktioniert, das hat Proust hier schon ausformuliert. Diese Passagen lesen

Mémoire involontaire *auf der Spazierfahrt am See entlang: »Was mag das sein, was er jetzt zwischen dem See und sich verspürt ...«* (Jean Santeuil).

sich wie Präfigurationen dessen, was er späterhin in der Bibliothek des Duc de Guermantes sowie unmittelbar vor und nach der berühmten Madeleine-Episode schreibt. Die Spiegelung des Sees im Meer, die Überblendung von Genfer See und Atlantik, von Vergangenheit und Gegenwart bewirkt, dass beide, »le passé« und »le présent«, jenen der Zeit enthobenen Moment freisetzen, der Proust der teuerste war: der Moment der wahren Empfindung, der Moment, da wir eine Ahnung von der Dauer hinter der Zeit erhaschen. Das Fragment, oder besser: die *Jean Santeuil*-Fragmente sind der Zettelkasten, aus dem die *Recherche* geboren wird.

Das Thema der Dauer, der Substanz hinter der Zeit variiert Proust in jenen Jahren auch in Texten, die zunächst journalistische, mondäne Schreibanlässe zu haben scheinen, wie die mit dem Pseudonym »Horatio« gezeichneten »Salons« für den *Figaro*. Vom »Salon de la Comtesse d'Haussonville«, einer Art Hommage an den von Proust geschätzten Paul-Gabriel d'Haussonville, war schon die Rede. In dieser Arbeit, die wahrscheinlich im Herbst 1903 in Evian unter dem Eindruck eines erneuten Besuchs in Coppet entstanden ist, sah Proust so etwas wie »Dauer« garantiert durch die Tatsache, dass das Schloss der Madame de Staël noch immer von einem ihrer Nachfahren bewohnt und belebt wurde, es damit also der Musealisierung entzogen war und »lebendiges« Objekt blieb. Mit einer ähnlichen Fragestellung ging er an den »Salon der Princesse E. de Polignac« heran, der am 9. September 1903 im *Figaro* erschien, ebenfalls mit »Horatio« unterschrieben war und ebenfalls vor allem dem Mann im Hause (und also nicht der Princesse) gewidmet war. Ist auch dieser Text in Evian entstanden? Proust war neun Tage vor Erscheinen dort eingetroffen, was möglicherweise ein etwas zu knapp bemessener Zeitraum ist. Edmond de Polignac, ein »bewundernswerter Fürst, ein großer Geist und ein starker Musiker«[70], war bereits im August 1901 verstorben und gehörte mit dem Comte d'Haussonville zu Prousts Bekanntschaften am See.

Der antikonformistische Fürst, der von Proust auch als Komponist bewunderte »prince fantaisiste« Edmond de Polignac (1834-1901), hier auf einem Gemälde (Ausschnitt) von James Tissot aus dem Jahre 1868, den aristokratischen Cercle de la Rue Royale darstellend.

Die postume Hommage ist möglicherweise inspiriert vom spezifischen Ambiente und den Erinnerungen an Abende am See. Besonders interessant ist, abgesehen von einer Reihe an Anekdoten – Proust, der auch in Paris im Salon der Polignac verkehrte und die musikalische Arbeit Polignacs verfolgte, kannte davon zuhauf – die Beschreibung der Bestattungszeremonie, die – zum Teil bis in den Wortlaut – als Modell für die Bestattung Saint-Loups in der *Recherche* dienen wird[71]. Proust war ein Meister des »Recyclings«: »Die Natur, die das Fortleben der Rassen garantiert und in der Individuen nicht vorgesehen sind, hatte ihn mit einem hohen, schlanken Körper und den kraftvollen und feinen Gesichtszügen des Kriegers und des Höflings ausgestattet. Nach und nach gestaltete das geistige Feuer, das im Fürsten Edmond de Polignac loderte, sein Antlitz dergestalt um, das es seinem Denken ähnelte. Aber seine Maske war die seines Geschlechts geblieben, das seiner individuellen Seele vorgängig war. Sein Körper und sein Gesicht ähnelten einem verlassenen Festungsturm, in dem man eine Bibliothek eingerichtet hätte. Ich erinnere mich an den trostlosen Tag seiner Beerdigung, in der Kirche prangte auf großen schwarzen Tüchern ein scharlachroter Kranz, der einzige Buchstabe war ein P. Seine Individualität war gewichen, er war in seine Familie zurückgekehrt.

Er war nur noch ein Polignac.«

Nur noch ein Polignac – wie auch Robert de Saint-Loup, im Tod seiner Individualität entkleidet, nur noch ein Guermantes gewesen sein wird. Es sind Gelegenheitstexte wie dieser oder literarische Skizzen wie die vom Erlebnis der *mémoire involontaire* beim Anblick des Genfer Sees im Nachmittagslicht, in denen sich Prousts Ästhetik im Laufe der »années Evian« profiliert, sich ihre philosophische Grundierung abzeichnet. Die Spuren der Lektüre John Ruskins, mit dem er in Evian wie auch in Venedig und Nordfrankreich auf Exkursion geht, sind dabei kaum übersehbar. Ruskin hatte, etwa in seinen *Stones of Venice* (1851-1853), gezeigt, wie sich in der Architektur die Individualität von Künstler und Epoche herauslösen lässt aus dem, was baulich substanziell wäre. Ähnlich verfährt Prousts Jean Santeuil auf der Suche nach der wahren Empfindung, verfährt Proust in seinen Erinnerungen an den Prince de Polignac. Noch in Entwürfen aus den Jahren nach Evian, aus den Jahren 1907/1908, zeigt sich, entgegen der Vorstellung einer entschiedenen Abkehr von Ruskin, dessen bleibender Einfluss. Eine recht kurios anmutende Stelle aus den erst seit 2021 vorliegenden *Soixante-quinze feuillets* mag dies belegen: »Durch den Namen irgendeines dieser mittelbaren deutschen Lehnsherren weht, inmitten eines muffigen Geruchs, so etwas wie ein Hauch phantastischer Poesie, und die bürgerliche Wiederholung der ersten Silben erinnert an bunte Bonbons, wie man sie in einer kleinen Spezereihandlung am Platz einer alten deutschen Stadt aß, während sich im schillernden Klang der letzten Silbe die alte Glasmalerei des [Heinrich] Aldegrever in der alten gotischen Kirche gegenüber verdunkelt. Und jener andere Name ist der Name eines Baches, der im Schwarzwald zu Füßen der alten Wartburg entspringt und all die verwunschenen, von Zwergen bewohnten Täler durchfließt, die von all den Burgen beherrscht sind, in denen alte Lehnsherren regierten und wo Luther träumte, und all das ist in Besitz des Herren und bewohnt seinen Namen. Aber ich habe gestern Abend noch mit ihm diniert, sein Gesichtsausdruck ist der von heute, seine Kleider sind von heute, seine Worte und Gedanken sind von heute. Und aus geistiger Offenheit [...] heraus sagt er, wenn man das Gespräch auf den Adel bringt oder die Wartburg: ›Oh! Aber heute gibt es keine Fürsten mehr!‹«[72] Diese Stelle illustriert nicht nur Prousts Erinnerungen an den Prince de Polignac, sie illustriert nicht nur eine gewisse Schwäche in deutscher Geographie, sie verrät vor allem, bis in den Duktus und das mittelalterliche deutsche Ambiente hinein, ihre Herkunft aus John Ruskins *Our fathers have told us* (1880-1885), dessen erster Teil, in dem Ruskin sich zu ähnlich waghalsigen etymologisch-geographischen Spekulationen versteigt, die *Bible d'Amiens* ausmacht.

So schwatzhaft Proust sich in seinen Briefen an die Mutter im Jahre 1899 auch geben mag, er hält sich, was seine Arbeit angeht, sehr bedeckt (was, bis auf Ausnahmen, ein Zug seiner gesamten Korrespondenz ist). Gegen Ende des Aufenthalts bittet er sie um Zusendung von Robert de La Sizerannes *Ruskin et la religion de la beauté*, am 24. September um Aufbewahrung eines Briefes von Mme d' Haussonville, »wegen seiner Herkunft aus Coppet« – und möglicherweise ja auch zum Zwecke späterer Verwendung in seinem Roman. Im selben Brief vom 24. September schreibt er weiterhin, dass er nichts von dem habe, was er brauche »für diesen stupiden Beitrag für *La Presse*. Mir bleibt nichts anderes übrig, als eine Art Notiz über Madame de Beaumont zu schreiben. Der Leser wird's schlecht finden, und Bailby auch. Umso mehr, als ich diese Sachen sehr schlecht mache«[73]. Léon Bailby, am 25. April 1899 einer der Gäste des Abendessens, das Proust am Boulevard Malesherbes zu Ehren von Anna de Noailles, Robert de Montesquiou und Anatole France gegeben hatte, war Herausgeber der Tageszeitung *La Presse*. Mit ihm und dem Freund Robert de Flers hatte Proust die Publikation eines Briefromans in Fortsetzungen verabredet. Immerhin 500 Francs sollten für ihn dabei herausspringen (was, wie gesehen, dem Preis für drei Wochen im luxuriösen Splendide Hôtel entsprach). Nach 1893 im Engadin war dies der zweite Versuch eines mehrhändigen Romanprojekts. Es sollte der letzte sein, und er verlief bald im Sande: Proust produzierte zwei Briefe, Robert de Flers einen. Als Proust seiner Mutter schrieb, war der erste seiner Briefe bereits in *La Presse* erschienen (am 19. September), desgleichen Robert de Flers' Antwort am 20. September. Prousts zweiter Brief erschien erst am 12. Oktober (immer auf der Seite 2 der Zeitung und immer unter der Oberzeile »Lettres de Perse et d'ailleurs« – wohl eine Anspielung auf Montesquieus gesellschaftskritische *Lettres persanes* aus dem 18. Jahrhundert – und dem Titel »Les Comédiens de Salon«). Wie beim ersten Projekt eines Briefromans schlüpfen die Autoren in verschiedene Rollen: Robert de Flers zeichnet als Françoise de Breyves, Proust als Bernard d'Algouvres. Schon die phonetische Verwandtschaft dieses Namens mit dem der Madame d'Alériouvres aus der zitierten Passage des *Jean Santeuil* verweist auf die zeitliche Nähe der Entstehungszeit dieser sehr verschiedenen Texte.

Ein über den Sommer getrenntes Liebespaar tauscht Briefe aus. Proust in der Männerrolle gibt den Eifersüchtigen, berichtet von gesellschaftlichen Treiben um ihn herum, verbreitet Salongeplauder, erzählt von seinen Lektüren. Robert de Flers alias Françoise de Breyves antwortet mit Betrachtungen über die Langeweile des Bädertourismus und ähnlich gelagerten Neuigkeiten aus der Gesellschaft. Prousts Texte hinterlassen in der Tat einen eher bemühten und, wie Proust ja selbst im Brief an die Mutter andeutet, uninspirierten Eindruck, insofern sie recht heteroklit wirken, montiert aus Versatzstücken eigener Provenienz (im ersten Brief wird ein ganzer Passus aus den *Jean Santeuil*-Papieren übernommen) und aus fremder Feder. Und doch: Auch hier stößt man auf originelle und originale Textelemente, Bausteine, die Proust weiterverwenden wird im großen Mosaik seiner *Suche nach der verlorenen Zeit*. Gleich der Anfang des ersten Briefes wartet mit einer solchen Preziose auf: »Du bist ein Engel, uns diese Frischkäse geschickt zu haben. Sie sind köstlich. Ich wünschte, Du könntest sehen, wie ich darin Erdbeeren zerdrücke und genau in dem Moment damit aufhöre, wenn er rosa genug ist, ohne dass ich ihn, mit meiner Erfahrung als Kolorist und meinem Gespür als Feinschmecker, noch probieren müsste.«[74] Es ist genau dieser rosafarbene Erdbeerquark, den der »oncle horticulteur«, der gärtnernde Onkel im Vorwort *Sur la lecture*, mit dem gleichen sicheren Gespür für die richtige Mischung anrühren wird, es ist der Quark, dem auch der Erzähler in *Du côté de chez Swann* den Vorzug vor dem rosafarbenen Gebäck in Camus' Geschäft in Combray gibt, denn schließlich darf er selbst die Erdbeeren darin zerdrücken. Hat Proust einen solchen Erdbeerquark im Splendide genossen? Wir können es nicht wissen, aber dieses Gefühl für die richtigen Proportionen, das Gespür für den Moment, wo der richtige Ton getroffen ist, das ist eine wunderbare Metapher für das, was man den Stil nennt, die Kunst.

Im zweiten Brief, den »Bernard d'Algouvres« aus dem

»Amstel Hôtel, Amsterdam« abschickt, spricht Proust gleich zu Anfang von einem Bild, auf das er ebenfalls häufiger zurückkommen wird. Bernard gibt an, bei den Wasserspielen in Saint-Cloud gewesen zu sein: »Und dort habe ich [...] das Original entdeckt, von dem ich bei Deiner Kusine das Bild gesehen habe. Erinnerst Du Dich? Es stammt von Hubert Robert, er hat es vor über einem Jahrhundert gemalt. Es stellt die große Fontäne von Saint-Cloud dar. Von weitem habe ich den alten Zauber der umgebenden Höhenzüge wiedererkannt und sie selbst in der Mitte, im Wind und unter der Sonne kaum sich rührend, wie eine große weiße Feder [...]. Sie hat nichts von ihrer Leichtigkeit verloren, ihrer Frische, und aufrecht in ihrem nervösen Elan [...] ihren zitternden und murmelnden Federbusch flattern lassend, den die Sonne wie eine schöne Wolke vergoldet [...] scheint sie geschwind kleine Wassermengen wie Ballast ins Bassin abzuwerfen, die dort mit einem feinen Geräusch Falten aufwerfen, einem Laut, der die Stille noch anwachsen lässt, die ihm folgt und aus der, harmonischer noch, der aufschießende und immer wieder neue Stamm emporsteigt. Und um den ganzen luftigen Parcours herum kleine Tropfen, die keine Kraft mehr haben und niedersinken ...«[75] Beschreibt Proust hier noch ein Gemälde Hubert Roberts, das »portrait«, wie es im französischen Text heißt, oder steht er vor dem Original, den Wasserspielen in Saint-Cloud? Ja, spricht er überhaupt von den Fontänen im Park von Saint-Cloud?

Eines von den vielen Wasserspielen, die Hubert Robert (1733-1808) in Öl bannte und die Proust bewunderte.

Am 14. September 1899 schreibt Proust aus dem Splendide Hôtel an Constantin de Brancovan in Amphion, dass er am Vortag in Genf gewesen sei. »Je n'ai rien fait à Genève n'étant pas très bien«, sagt er, er habe dort nichts unternommen, weil es ihm nicht gut gegangen sei.[76] Aber er habe »Adressen« mitgebracht, heißt es sibyllinisch. Und damit meint er: Bordelle. Aber irgendetwas anderes wird er in Genf auch gesehen haben.

Holen wir ein wenig aus. Nicht nur die Thermal- und Luftkurorte rund um den See hatten in der zweiten Hälfte des 19. Jahrhunderts einen gewaltigen Aufschwung genommen, auch die Stadt Genf. Zwischen 1850 und 1890 war die Einwohnerzahl von 64.000 auf 100.000 gestiegen, Fabriken hatten sich angesiedelt, der Energiebedarf stieg. Die Stadtväter beschlossen, die Wasserkraft der in Genf ausfließenden Rhône zu nutzen und eröffneten im Mai 1886 die »usine hydraulique de la Coulouvrenière«. Diese versorgte die Manufakturen und Fabriken, die ihre Maschinen mit hydraulischem Druck betrieben. Des Abends, wenn die Fabriken schließen, erhöht sich der Druck. Er wird über ein Sicherheitsventil abgelassen, aus dem eine etwa 30 Meter hohe Wassersäule steigt. Fünf Jahre später, im Juli 1891, verfällt die Genfer Stadtverwaltung auf die Idee, aus Anlass der 600-Jahr-Feier der Helvetischen Konföderation die touristische Attraktivität des Wasserstrahls zu nutzen, und verlegt das Überdruckventil in die vor der Stadt gelegene Reede. Der Wasserstrahl erreicht nunmehr

»… im Wind und in der Sonne kaum sich rührend, wie eine große, weiße Feder …« Die Fontäne, ein Wahrzeichen der Stadt, schießt seit 1891 in den Himmel über Genf.

eine Höhe von 90 Meter. Des Nachts wird er gar verschiedenfarbig beleuchtet, bis man sich mit weißem Licht bescheidet.

Diesen Wasserstrahl, der heute ein Wahrzeichen der Stadt Genf ist, damals aber erst seit kurzem dauerhaft in Betrieb war, hat Proust am 13. September in Ruhe betrachten können – und gewiss auch noch einmal kurz wahrgenommen während des Ausflugs nach Coppet eine Woche später. Diese »große, weiße Feder«, die sich kaum rührt im Wind und umgeben ist von zauberhaften Höhenzügen und die von der Sonne vergoldet wird wie eine hübsche Wolke – es fällt schwer, sich dahinter nicht die Fontäne von Genf vorzustellen. So wie Proust im Text von

Saint-Cloud auf das Bild Hubert Roberts kommt, so löst er das statische Bild auf in ein fließendes, wahrhaft liquides. Wichtiger aber noch als der rein deskriptive Aspekt dieses Briefanfangs ist der Gedanke, den dieses Schauspiel dem Erzähler eingibt: Er entdeckt in ihr das »jahrhundertealte« und gleichzeitig »augenblickliche«, *intermittierende* Leben – Proust benutzt das späterhin für ihn so wichtige Wort »intermittent« – des stets neuen und immer gleichen Wassers. Das Wasser dieses springenden Brunnens wird zur Allegorie der sich stets gleich bleibenden Zeit, des Dauernden im steten Wandel. Es ist genau das, was Proust an den physischen und intellektuellen Physiognomien Polignacs und Haussonvilles interessierte.

In *Sodom und Gomorrha* wird der Erzähler sich bei einem Fest des Fürsten von Guermantes »Hubert Roberts Fontäne« noch einmal anschauen (wieder überblenden sich Gemälde und Wirklichkeit) und bemerken, dass »es doch immer wieder neue Wasser waren, die, wenn sie bei ihrem Aufsprühen den alten Anordnungen des Architekten folgen wollten, sie einzig dadurch genau erfüllten, daß sie scheinbar dagegen verstießen, da nur tausend einzeln emporsteigende Strahlen von weitem den Eindruck eines einzigen Strahls zu geben vermochten.«[77]

Es ist dieser Brunnen, der seit Evian – und womöglich seit Genf – durch Prousts Werk sprudelt.

ANMERKUNGEN

Soweit nicht anders vermerkt, stammen sämtliche Übersetzungen französischer Zitate vom Verfasser.

Die Zitate aus der von Philip Kolb herausgegebenen, einundzwanzigbändigen *Correspondance de Marcel Proust*, Paris 1970-1993, werden in den Anmerkungen wie folgt belegt: *Corr.*, Bandnummer, Seite.

Zitate aus der von Jürgen Ritte herausgegebenen und von ihm selbst sowie Achim Russer und Bernd Schwibs übersetzten, zweibändigen Ausgabe Marcel Proust, *Briefe 1879-1922*, Berlin 2016, werden in den Anmerkungen mit *Briefe*, Bandnummer, Seite, belegt.

1 Zu empfehlen ist der vor kurzem erschienene, sehr schön gemachte, reich illustrierte Band *Marcel Proust et Cabourg*, von Jean-Paul Henriet, Paris 2020, sowie, für Paris, Rainer Moritz, *Mit Proust durch Paris. Literarische Spaziergänge*, Frankfurt/M. u. Leipzig 2004 [Neuausgabe Stuttgart 2015]

2 Luzius Keller, *Proust im Engadin*, Berlin 1998 [erweiterte Ausgabe Hamburg 2016]

3 Proust ist in den Gästelisten des Fremdenblatts *Evian Programme* vom 3. bis 7. September gemeldet und in *La Saison d'Evian* vom 6. bis 13. September, wie die Autoren des von den Archives départementales de la Haute-Savoie herausgegebenen Bandes *Marcel Proust, Clément de Maugny et le Chablais*, Annecy 2010, S. 52, eruieren konnten. Einen vagen Hinweis auf einen Aufenthalt im Jahre 1900 hatte man lange Zeit nur in einem Brief an Constantin de Brancovan vom 30. August 1900, in dem Proust ankündigt, nach Evian kommen zu wollen, sofern er seine Halsschmerzen wieder loswerde. Zu Prousts Venedig-Aufenthalten siehe die Beiträge von Reinhard Pabst, Pyra Wise und Konrad Heumann in PROUSTIANA XXXI (2020)

4 Der Aufenthalt von »Mme Proust et fils« ist in *La Saison d'Evian* vom 16. bis 19. August 1901 und dann vom 9. bis 14. September 1901 gemeldet, wie ebenfalls die Autoren von *Marcel Proust, Clément de Maugny et le Chablais,* a. a. O., S. 52, berichten.

5 Vgl. Prousts Brief vom 14. oder 21. Oktober 1899 an seinen Freund Pierre de Chevilly, der sich zu diesem Zeitpunkt noch auf dem Familiensitz in Thonon aufhält und dem Proust Grüße an die gemeinsamen Bekannten aufträgt: »Wenn Sie zu Mme Bartholoni gehen [...], entbieten Sie Mademoiselle Kiki meine verliebten Hommages«, *Corr.* II, S. 373

6 Brief an die Mutter [18. August 1902], *Corr.* III, S. 109. Marcel Proust, *Briefe 1*, S. 299

7 Nathalie Mauriac-Dyer, »Notice«, in: Marcel Proust, *Les soixante-quinze feuillets et autres manuscrits inédits*, édition établie par Nathalie Mauriac-Dyer, Paris 2021, S. 210

8 Marcel Proust, *Le correspondant mystérieux*, texte établi par Luc Fraisse, Paris 2019. Dt. *Der geheimnisvolle Briefschreiber*, aus dem Französischen von Bernd Schwibs, Berlin 2021

9 Brief an die Mutter, Sonntag [10. September 1899], *Corr.* II, S. 304

10 Brief an Mme Léon Yeatman [September 1904], in: *Corr.* IV, S. 264-265

11 Brief an die Mutter [16. oder 17. September 1904], *Corr.* IV, S. 265-271

12 Brief an Clément de Maugny, zit. n. *Marcel Proust, Clément de Maugny et le Chablais*, a. a. O., S. 118

13 Brief an Constantin de Brancovan [15. August 1899], *Corr.* II, S. 296-297

14 Jacques Letertre, Conférence sur Proust et les hôtels: https://www.hotelslitteraires.fr/2019/12/03/conference-proust-et-les-hotels-par-jacques-letertre/

15 Maurice Duplay, *Mon ami Marcel Proust. Souvenirs intimes*, Paris 1972 [*Cahiers Marcel Proust 5*], S. 57

16 Marie de Chevilly, « Marcel Proust en Savoie », in: *Bulletin de la Société des Amis de Marcel Proust et de Combray* (BSAMP), 23 (1973), S. 1589

17 Brief an Constantin de Brancovan [24. oder 25.? August 1899], *Corr.* II, S. 301-302

18 Marcel Proust, *Les soixante-quinze feuillets et autres manuscrits inédits*, édition établie par Nathalie Mauriac-Dyer, Paris 2021, S. 117

19 Es handelt sich um eine Notiz im Cahier 1, auf die Nathalie Mauriac im Zusammenhang mit dem frühen Thema des Einschlafens und seinen Variationen verweist, ebd., S. 209

20 Brief an Antoine Bibesco [20. 12. 1902], *Corr.* III, S. 194. Marcel Proust, *Briefe*, Berlin 2016, I, S. 316

21 Brief an Georges de Lauris [8. oder 9. September 1903], *Corr.* III, S. 418 ff., Marcel Proust, *Briefe I*, S. 342 / 343

22 Marcel Proust, »Au Royaume du bistouri«, in M. P., *Contre Sainte-Beuve*, éd. Clarac / Ferré, Paris 1971, S. 567

23 Zit. n. *Marcel Proust, Clément de Maugny et le Chablais*, Archives départementales de la Haute-Savoie, Annecy 2010, S. 34

24 Maurice Duplay, *Mon ami Marcel Proust*, a. a. O., S. 56

25 Marcel Proust, *A la recherche du temps perdu*, éd. Jean-Yves Tadié, Paris 1988, Bd. II, S. 156

26 Brief an die Mutter [2. Oktober 1899], *Corr.* II, S. 358-359

27 Hierzu Lothar Müller, *Adrien Proust und sein Sohn Marcel. Beobachter der erkrankten Welt*, Berlin 2021.

28 Die Datierungen gehen auseinander. Wir folgen den Autoren und Mitarbeitern der Archives départementales de la Haute-Savoie, Annecy, die in *Marcel Proust, Clément de Maugny et le Chablais*, a. a. O., S. 35, dieses Datum vorschlagen. Françoise Breuillard-Sottas, »Villa Bassaraba ou la magie des étés d'enfance«, in: Jean-Marc Hovasse, François Maillet, *Goûter au Paradis. Anna de Noailles sur les rives du Léman. Tasting paradise. Anna de Noailles on the shores of lake Ginevra*, Mailand 2019, S. 18, liest 1869.

29 »La consolation de l'été«, in: *Les Eblouissements*, Paris 1907, S. 53

30 Möglicherweise ist ein Brief an Hélène de Caraman-Chimay aus dem Jahre 1903, den Philip Kolb auf »Frühjahr oder Sommer« datiert und in dem Proust ihr die Lektüre Emersons anempfiehlt, in Evian geschrieben worden (was eine Datierung auf den späten Sommer oder frühen Herbst nahelegen würde). Laut Duplay, *Mon ami Marcel Proust*, a. a. O., las Proust in Evian Emerson. Hélène de Caraman-Chimay war Proust auch im Mai 1900 in Venedig begegnet, um mit ihr, selbstverständlich

auf Ruskins Spuren, die Basilika von San Marco zu besichtigen. Auf Venedig und Ruskin spielt der Brief aus dem Jahr 1903 ebenfalls an.

31 Anna de Noailles, *Le livre de ma vie*, Paris 1932, S. 119, zit. n. Françoise Breuillard-Sottas, »Villa Bassaraba ou la magie des étés d'enfance«, in: *Goûter au paradis*, a. a. O., S. 23. Wir folgen Françoise Breuillard-Sottas, die die Geschichte der Villa Bassaraba und ihrer Bewohner in dem genannten Aufsatz und in »›Je rentre à Paris, ayant bu l'azur‹. Séjours lémaniques d'Anna de Noailles«, enthalten in dem reich bebilderten Band *Goûter au paradis*, a. a. O., S. 31-43, nachzeichnet.

32 Lediglich ein kleiner, wenige Meter breiter, »jardin votif« (also Gedenkgarten) genannter Streifen führt von der stets von einem schier infernalischen Verkehr beherrschten Straße (wo ist der idyllische »staubblonde« Weg, über den noch Anna de Noailles und Proust kutschierten?) hinunter zum See. Zu sehen ist dort auch in einem aus roten Klinkern gemauerten Pavillon eine Stele (darauf eine Urne) mit folgender Aufschrift: »Etranger qui viendra lorsque je serai morte contempler mon lac genevois laisse que ma ferveur à présent t'exhorte à bien aimer ce que je vois« (Fremder, der du kommst, wenn ich nicht mehr bin, um meinen Genfer See zu betrachten, lass meinen Funken auf dich überspringen und liebe, was ich sehe).

33 »Sa sœur est ravissante«, schreibt Proust aus Evian an seine Mutter am [16. September 1899]. *Corr.* II, S. 327

34 Marie de Chevilly, »Marcel Proust en Savoie«, a. a. O., S. 1588. In den Erinnerungen der Marie de Chevilly findet sich übrigens auch ein erster, lange Zeit übersehener Hinweis darauf, dass Proust häufiger in Evian war.

35 Maurice Duplay, *Mon ami Marcel Proust*, a. a. O., S. 56: »[...] une clientèle de rentiers et financiers opulents«.

36 Brief an die Mutter [29. oder 30. September 1899], *Corr.* II, S. 354

37 Brief an die Mutter [13. September 1899], *Corr.* II, S. 315

38 Maurice Duplay, *Mon ami Marcel Proust*, a. a. O., S. 59-61

39 Brief an die Mutter [10. September 1899], *Corr.* II, S. 304. Marcel Proust, *Briefe I*, S. 247.

40 Nathalie Mauriac-Dyer, »Edmond de Polignac«, in: Jean-Yves Tadié (Hrsg.), *Proust et ses amis*, Paris, 2010, S. 218

41 »Quatre lettres inédites de Marcel Proust au Prince de Polignac (1895-1901)«, BMP 53 (2003), S. 13

42 Marie de Chevilly, *Marcel Proust en Savoie*, BSAMP 24 (1987) [= Zweiter Teil der Erinnerungen], S. 1822

43 Aus: Anna de Noailles, »La Savoie«, in: *Les éblouissements*, Paris, 1907, S. 54. Proust widmete diesem Lyrikband im *Figaro* vom 5. Juni 1907 eine enthusiastische Rezension.

44 Brief an die Mutter [22. September 1899], *Corr.* II, S. 338. Marcel Proust, *Briefe*, I, S. 250 f.

45 Brief an die Mutter [16. September 1899], *Corr.* II, S. 326

46 »Le Salon de la Princesse d'Haussonville«, hier zitiert nach: Marcel Proust, *Contre Sainte-Beuve*, a. a. O., S. 485. Dort auch die folgenden Zitate.

47 Siehe hierzu: *Marcel Proust, Clément de Maugny et le Chablais*, a. a. O., S. 40

48 George D. Painter, *Marcel Proust*, Frankfurt/M. 1962, 1980, Bd. 1, S. 370

49 Marie de Chevilly, *Marcel Proust en Savoie*, a. a. O., S. 1591 f.

50 Zit. n. *Goûter au Paradis*, a. a. O., S. 24

51 Michael Sostarich hat erste Schritte in diese Richtung getan: »Quai de Bourbon – Le côté de Bibesco«, in: Jürgen Ritte / Reiner Speck, *›Cher ami... Votre Marcel Proust‹. Marcel Proust im Spiegel seiner Korrespondenz*, Köln 2009, S. 171-185.

52 Der bereits erwähnte Band *Marcel Proust, Clément de Maugny et le Chablais*, a. a. O., S. 24-25, schlägt mehrere Pisten vor, ohne sich auf eine festzulegen.

53 Corr. II, S. 291-293. Wir zitieren nach *Marcel Proust, Clément de Maugny et le Chablais*, a. a. O., S. 25-26, dessen Autoren, die an einigen Stellen die Kolb'sche Lesart korrigiert haben, das Widmungsexemplar aus dem Besitz der Familie de Maugny vorlag. Das Exemplar findet sich nunmehr in den Archives départementales de la Haute-Savoie. »Mon cher Clément, notre vie a été si affectueusement mêlée pendant ces deux mois que vous avez sur les pensées et les imaginations de mes années d'autrefois comme un droit rétrospectif, et que, tant du moins que nous serons amis, je ne songe pas à vous contester. Il me semble qu'à l'ami si hospitalier dont la maison a été ma maison,

dont le cœur a été mon confident, tout ce qui vient de moi [vous] appartient. Souvent on montre à un ami qui ne vous a connu que tard une photographie où l'on est enfant. Il en est ainsi de ce livre que vous présente un Marcel que vous n'avez pas connu. Puis-je même le dire? Vous qui m'avez vu dans la peine sans jamais m'avoir fait souffrir d'une faute de tact ou d'un manque de cœur aussi bien rare en cela, vous avez vu naître et se dissiper des tristesses dont celles que j'ai essayé de fixer ici ne vous sembleront pas très différentes. Ce qui nous fait pleurer change, mais les larmes se ressemblent […] Dieu seul [sait] si nos routes bifurquons désormais …«

54 Brief an Paul Morand, *Corr.* XXI, S. 288. Marcel Proust, *Briefe*, II, S. 1307-1308

55 Brief Marcel Proust an Rita de Maugny [29. Januar 1903], erstmals publiziert und kommentiert von Françoise Leriche, »Inédits et compléments en provenance du fonds Maugny«, in: *Bulletin d'informations proustiennes*, 42 (2012), S. 9-17, hier S. 11 f.

56 Marie de Chevilly, *Marcel Proust en Savoie*, a. a. O., II, S. 1818 und S. 1820

57 So Proust in seinem Vorwort zu Rita de Maugnys Lazarettkarikaturen *Au Royaume du bistouri*, in: *Contre Sainte-Beuve*, a. a. O., S. 567

58 Brief an die Mutter [15. September 1899], *Corr.* II, S. 323

59 Brief an die Mutter [16. September 1899], *Corr.* II, S. 326

60 Vgl. den Artikel von Tugdual Denis, »La Sapinière. La Belle oubliée d'Evian«, *L'Express*, 6. 8. 2015

61 Brief an die Mutter [2. Oktober 1899], *Corr.* II, S. 357

62 Brief an die Mutter [4. Oktober 1899], *Corr.* II, S. 361

63 Brief an Pierre de Chevilly [13. Oktober 1899], *Corr.* II, S. 367

64 Robert de La Sizeranne, *Ruskin et la religion de la beauté*, Paris 1897, Bd. 8, S. 1

65 Jean-Yves Tadié, »La Mer«, in: ders., *Marcel Proust. Croquis d'une épopée*, Paris 2019, S. 51

66 Marcel Proust, *Jean Santeuil, précédé de Les Plaisirs et les jours*, éd. établie par Pierre Clarac, avec la collaboration d'Yves Sandre, Paris 1971, S. 375

67 Brief an Robert de Billy [August 1906], *Corr.* VI, S. 188

68 Brief an Louisa de Mornand [18.? Oktober 1903], *Corr.* III, S. 426

69 George Painter indes hat schon auf diese Stelle hingewiesen (a. a. O., Bd. 1, S. 389). De Fallois hat in seinem Bemühen, das erst von ihm »Jean Santeuil« genannte Konvolut an Manuskripten zu einem, wenn auch fragmentarischen Roman zu runden, manche Übergänge verschliffen bzw. bestimmte Textteile gestrichen. Die deutsche Übersetzung von Eva Rechel-Mertens aus dem Jahre 1965 folgte noch der dreibändigen Ausgabe von de Fallois (1952). Wir folgen der bereits zitierten Ausgabe in der Bibliothèque de la Pléiade aus dem Jahre 1971, hier S. 397-402. Die deutsche Übersetzung, hier Bd. I, S. 69-71, haben wir dieser Ausgabe angepasst und leicht revidiert.

70 Marcel Proust, »Le salon de la Princesse Edmond de Polignac. Musique d'aujourd'hui, échos d'autrefois«, in: ders.: *Contre Sainte-Beuve*, a. a. O., S. 464. Prousts Verehrung sollte sich noch 1891 in einer Widmung von *A l'ombre des jeunes filles en fleurs* niederschlagen: »A la mémoire chère et vénérée/ du Prince Edmond de Polignac / Hommage de celui à qui il témoigna tant de bonté / et qui admire encore, dans le recueillement du souvenir, / la singularité d'un art et d'un esprit délicieux. M. P.« (zit. n. Nathalie Mauriac-Dyer, Edmond de Polignac, a. a. O., S. 235). Polignacs Witwe, Winnaretta Singer lehnte die Widmung ab – wohl aus Furcht vor Prousts Ruf oder davor, der Inhalt des Romans könnte dem Nachruhm ihres Gatten schaden, der allerdings selbst, wie Paul Morand es recht vulgär ausdrückte, ein »princetante« war …

71 Vgl. *A la Recherche du temps perdu*, éd. J.-Y. Tadié, Bd. IV, S. 425

72 Marcel Proust, *Les soixante-quinze feuillets*, a. a. O., S. 96.

73 Brief an die Mutter [24. September 1899], *Corr.* II, S. 344.

74 *La Presse*, 19. 9. 1899, S. 2. Hier zitiert nach: Marcel Proust, *Contre Sainte-Beuve*, a. a. O., S. 424

75 Ebenda, S. 427

76 Brief an Constantin de Brancovan [14. September 1899], *Corr.* II, S. 317 f.

77 Marcel Proust, *Auf der Suche nach der verlorenen Zeit 4, Sodom und Gomorrha*, Aus dem Französischen übersetzt von Eva Rechtel-Mertens, revidiert von Luzius Keller und Sibylla Laemmel, Frankfurt am Main 1999, S. 88

BILDNACHWEIS

akg-images, Berlin: Seite 107 (Heritage Images/Ashmolean Museum), 115 (Hervé Champollion)
Archives Brancovan: 51
Archives départementales de la Haute-Savoie: 79, 81, 83
Bibliotheca Proustiana Reiner Speck, Köln: 45, 87, 95
Bibliothèque de Genève: 77
Bibliothèque nationale de France, Paris: 69, 75
Bridgeman Images: 123 (*View of a Park*, Robert Hubert, 1783, Louvre, Paris), 103 (© NPL – De Agostini Picture Library)
mauritius images, Mittenwald: 99 (Archivah/Alamy), 43 (Guenter Fischer/imageBroker), 29 (Historic Hotels Photo Archive/Alamy), 53 (Maidun Collection/Alamy)
Ville d'Évian: 25
Zentralbibliothek Zürich: 109

Alle weiteren Abbildungen stammen aus dem Archiv des Insel Verlags.

Erste Auflage 2022. Originalausgabe. © Insel Verlag Anton Kippenberg GmbH & Co. KG, Berlin, 2022. Alle Rechte vorbehalten. Wir behalten uns auch eine Nutzung des Werks für Text und Data Mining im Sinne von § 44b UrhG vor. Bezugspapier: Werbeplakat der Compagnie Paris-Lyon-Méditerranée (P. M. L.), Foto: © Wagons-Lits Diffusion, Paris. Gesetzt in der Schrift Adobe Garamond Pro. Gedruckt auf holzfreies, alterungsbeständiges Werkdruckpapier der Firma Cordier, Bad Dürkheim von der Memminger MedienCentrum AG, Memmingen. Gebunden in Fadenheftung von der Conzella Verlagsbuchbinderei GmbH & Co. KG, Aschheim-Dornach. Dieses Buch wurde klimaneutral produziert: climatepartner.com/14438-2110-1001. Printed in Germany. ISBN 978-3-458-19511-5.

www.insel-verlag.de